ESTHER Y JERRY HICKS

EL DINERO Y LA LEY DE LA ATRACCIÓN

books4pocket

Argentina - Chile - Colombia - España
Estados Unidos - México - Perú - Uruguay

Título original: *Money and the Law of Attraction*
Editor original: Hay House, California
Traducción: Alicia Sánchez Millet

1.ª edición en **books4pocket** junio 2022

Plaza de los Reyes Magos, 8, piso 1.º C y D – 28007 Madrid
www.edicionesurano.com
www.books4pocket.com

ISBN: 978-84-16622-73-3
Depósito legal: B-7.436-2022

Fotocomposición: Ediciones Urano, S.A.U.
Impreso por Novoprint, S.A. - Energía 53 - Sant Andreu de la Barca (Barcelona)

Impreso en España – *Printed in Spain*

Hemos tenido el placer de conocer a algunas de las personas más influyentes de nuestro tiempo, pero nadie como Louise Hay (Lulu), la fundadora de Hay House, a quien puede considerarse la mayor impulsora del pensamiento positivo, pues guiándose por la visión de Lulu, Hay House, Inc. se ha convertido en la mayor editorial a nivel mundial en temas de espiritualidad y autoayuda.

Por eso, dedicamos este libro con todo nuestro amor y aprecio a Louise Hay, y a todas las personas a las que ella ha atraído a su visión.

Índice

PARTE II

Cómo atraer dinero y manifestar abundancia

PARTE III

Cómo mantener mi bienestar físico

PARTE IV

Perspectivas sobre la salud, el peso y la mente

PARTE V

La profesión como una fuente provechosa de placer

Prólogo

por Jerry Hicks

¿Qué crees que te ha conducido hasta este libro? ¿Por qué crees que estás leyendo estas palabras? ¿Qué parte del título captó tu atención? ¿Ha sido el *dinero*? ¿La *salud*? ¿La *felicidad*? ¿*Aprender a atraer*? ¿O quizá la *Ley de la atracción*?

Sea cual fuere la razón, la información que contiene este libro te ha llegado como respuesta a algo que has estado pidiendo.

¿De qué trata este libro? Trata de que la vida ha de ser agradable y que nuestro Bienestar general es lo natural. Enseña que por buena que sea ahora tu vida, siempre puede ser mejor, y que la lección y el poder para mejorar tu experiencia está en tus manos. Además, ofrece herramientas filosóficas prácticas que —cuando se usan sistemáticamente— te permitirán experimentar más riqueza, salud y felicidad que son tus derechos de nacimiento. (Y lo sé porque sigue sucediéndome. Cada vez que avanzo desde una experiencia que aclara mi deseo hacia un nuevo deseo y luego hacia una nueva manifestación, mi vida mejora.)

¡La vida es buena! Es el Día de Año Nuevo de 2008 y estoy empezando a escribir este prólogo sentado en la mesa del comedor de nuestro nuevo «refugio» de Del Mar, California.

Desde que Esther y yo nos casamos (1980), hemos procurado visitar este «Jardín del Edén» siempre que nos ha sido posible. Y ahora, después de todos los años que hemos vivido en San Diego, agradecidos, vamos a vivir aquí, a tiempo parcial, también llenos de agradecimiento.

¿Y cómo no íbamos a estar llenos de agradecimiento? Un amigo nos ayudó a encontrar esta casa. (Le dijimos que estábamos buscando una propiedad cerca de Del Mar donde pudiéramos aparcar el autocar de 13 metros de largo que usamos para nuestras giras.) Participaron arquitectos paisajistas, ingenieros, diseñadores, carpinteros, electricistas, fontaneros, colocadores de tejados, especialistas en canaletas. Participaron hábiles profesionales: albañiles, estucadores, pintores, jardineros y herreros. Vinieron especialistas en suelos y en puertas correderas, en puertas y ventanas de madera, y en vidrieras de colores. Tuvimos los mejores especialistas en iluminación de alta tecnología que instalaron el sofisticado sistema robotizado de iluminación Lutron, el sistema de ordenador/audio/vídeo, el sistema de aire acondicionado silencioso de última generación, y la gama de electrodomésticos Snaidero/Miele/Bosch/Viking para la cocina y el lavadero. Tuvimos personas que colocaron nuestros muebles una y otra vez, hasta que descubrimos el sitio perfecto para cada uno de ellos. Hubo equipos de jardinería, restauración, transportistas, colocadores de cemento, escultores, empresas de jardinería que trasplantaron árboles adultos... Y luego los miles de personas que intervinieron —y que también cobraron su comisión— en la invención, creación y distribución de todos los productos y servicios. ... Bueno, hay muchas cosas que agradecer.

Y eso no fue más que la punta del iceberg por lo que teníamos que estar agradecidos. Descubrimos un nuevo restaurante «favorito» —con sus propietarios y empleados— a sólo un par de minutos de casa; luego estaban nuestros vecinos, extraordinariamente eclécticos y positivos, que nos dieron la bienvenida como nunca lo había hecho nadie antes.

Pero eso no es todo. Hay vistas extraordinarias: hacia el sur, a la antigua Reserva estatal Torrey Pines; a través del Carmel Valley Creek y del santuario para las aves acuáticas y la laguna, y hacia las rompientes y espumosas olas del Océano Pacífico que acarician incansablemente la playa de Torrey Pines. Sí. ¡La vida es bella!

(Esther y yo acabamos de concluir nuestro breve paseo por la playa y ahora nos estamos preparando para la tarde que es cuando daremos nuestros últimos retoques al nuevo libro de Abraham: *El dinero y la Ley de la Atracción: Aprender a atraer riqueza, salud y felicidad*.)

Hace ya más de 40 años, durante una gira de conciertos en universidades de toda la nación, me fijé por «casualidad» en un libro que había sobre una mesita de café de un hotel de carretera de Montana. El libro de Napoleon Hill, *Piense y hágase rico*, cambió mis creencias respecto al dinero de una manera tan increíble que cuando empecé a utilizar sus principios, la abundancia empezó a manifestarse en mi vida de un modo que jamás hubiera imaginado.

En aquellos tiempos ni pensar en hacerme rico ni hacerme rico me interesaban demasiado. Pero poco tiempo antes de descubrir ese libro había tomado la decisión de que quería cambiar mi forma de ganarme la vida y aumentar mis ingresos. Así que lo que me atrajo hacia el libro de Hill fue la respuesta directa a lo que había estado «pidiendo».

Poco después de haber encontrado *Piense y hágase rico* en ese hotel de carretera de Montana, conocí a un hombre en un hotel de Minnesota que me ofreció una oportunidad para hacer negocios tan compatible con las enseñanzas de Hill que durante nueve maravillosos años me dediqué totalmente a sacar adelante ese negocio. En ese tiempo, el negocio se transformó en una gran empresa internacional. Y en ese período, relativamente corto, mi economía pasó de ir tirando (que era lo único que yo había deseado antes) a alcanzar todas las nuevas metas económicas que me había planteado.

Las enseñanzas del libro de Hill me funcionaron tan bien que empecé a usarlo como «libro de texto» para compartir mis principios del éxito con mis socios. Pero cuando reflexionaba sobre mi éxito, veía que las enseñanzas que tan bien habían funcionado conmigo, sólo habían ayudado a un par de ellos. Por lo tanto, empecé a buscar otro nivel de respuestas que sirviera a un número más amplio de personas.

A raíz de mi experiencia con *Piense y hágase rico*, estaba seguro de que el éxito era algo que se podía *aprender*. No era necesario haber nacido en una familia que ya hubiera descubierto cómo hacer dinero. No era necesario sacar buenas notas en los estudios o conocer a las personas apropiadas, vivir en el lugar apropiado, tener la talla, el color, el sexo, la religión apropiados, etcétera… Sencillamente teníamos que aprender unos pocos principios simples y ponerlos en práctica.

Sin embargo, no todo el mundo recibe el mismo mensaje de las mismas palabras o los mismos resultados de los mismos libros. Así que en cuanto empecé a «pedir» más entendimiento, apareció en mi vida *Ilusiones*, el iluminador libro de Richard Bach. Y aunque ese libro me hizo exclamar uno de los «¡Ajá!» más sentidos de mi vida y me aportó algunos de los conceptos que empezaron a abrir mi mente al fenómeno que estaba a punto de experimentar, no contenía ningún principio que pudiera usar conscientemente en mi negocio.

El siguiente descubrimiento «accidental» de otro libro extraordinariamente valioso para mí llegó un día en que estaba matando el tiempo en una biblioteca de Phoenix. No estaba «buscando» nada, pero vi un libro, en un estante alto, que se llamaba *Habla Seth*, de Jane Roberts y Robert F. Butts. Seth, «una Entidad No-Física», había «dictado» una serie de libros, a través de Jane, y yo los leí todos. Por extraña que esa forma de comunicación pudiera parecer a la mayoría de las personas (Esther, al principio, se sentía muy molesta con ella), yo siempre he procurado juzgar los árboles por sus frutos. Por lo tanto, procuré ver más allá de los aspectos «extraños» y visualizar las partes prácticas y positivas del material de Seth que creía que podía utilizar para ayudar a los demás en su experiencia de la vida.

Seth tenía una perspectiva diferente de la vida de la que yo había oído hablar anteriormente, y me interesaban especialmente dos términos: «Tú creas tu propia realidad», y «Tu punto de poder está en el presente». Por mucho que leí, creo que nunca llegué a entender esos principios, pero de algún modo sabía que contenían la respuesta a mis preguntas. Sin embargo, Jane ya no estaba en su forma física, por lo que ya no se podía recurrir a «Seth» para ninguna aclaración.

A través de una serie de acontecimientos fortuitos —de un modo similar a las experiencias de Seth-y-Jane—, mi esposa Esther empezó a recibir el material que ahora se conoce como las *Enseñanzas de Abraham®*. (Si deseas oír una de las grabaciones originales donde se detalla nuestra introducción a Abraham, puedes encontrar nuestra *Introduction to Abraham* gratuita, una grabación de 70 minutos, en nuestra website: www.abraham-hicks.com, o conseguirla a través de nuestra oficina en un CD gratuito.)

En 1985, cuando empezó este fenómeno con Esther, sentí que me aportaría las respuestas a mi deseo de entender mejor las *Leyes del Universo* y la forma en que podemos trabajar deliberadamente y de forma natural en armonía con ellas para cumplir nuestro propósito de estar en nuestra forma física. Así que hace aproximadamente unos 20 años, me senté junto a Esther con un pequeño magnetófono, y asedié a Abraham con cientos de preguntas sobre veinte temas principales que hacían referencia a la espiritualidad práctica. Y cuando otras personas empezaron a tener noticias de Abraham y a querer relacionarse con nosotros, producimos 20 grabaciones y las publicamos en dos álbumes de temas-especiales.

Durante el transcurso de dos decenios, millones de personas han conocido las Enseñanzas de Abraham gracias a nuestros múltiples libros, CD, vídeos, DVD, talleres y apariciones en programas de radio y televisión. También otros autores famosos empezaron a utilizar las enseñanzas de Abraham en sus libros e intervenciones en los medios… Y entonces, hace unos dos años, una productora de televisión australiana nos pidió permiso para hacer una serie de televisión sobre nuestro trabajo con Abraham. Se unió a nosotros con su equipo de filmación en uno de nuestros cruceros por Alaska y lo filmó todo, luego fue en busca de otros alumnos de nuestras enseñanzas a los que pudiera incorporar en su película (piloto), y el resto es (como se dice) historia.

La productora le puso por título a su producción *El Secreto,* y presentaba los principios básicos de las Enseñanzas de Abraham: la *Ley de la Atracción.* Y aunque la cadena australiana (Nine) no lo presentó como una serie, el documental pasó directamente a formato DVD y fue transcrito en un libro... y ahora, gracias a *El Secreto,* el concepto de la *Ley de la Atracción* ha llegado a otros muchos millones de personas que han estado pidiendo tener una vida mejor.

Este libro ha surgido de la transcripción de cinco de nuestras primeras grabaciones de hace veinte años. Esta es la primera vez que estas transcripciones están a disposición del público. Sin embargo, no son fidedignas palabra por palabra porque Abraham ha revisado cada página de las transcripciones originales y modificado todas sus partes para que resulte más sencillo para el lector entender estas enseñanzas y ponerlas en práctica.

En el mundo de la enseñanza hay un principio: «Diles lo que les vas a contar. Luego cuéntaselo. Y luego diles lo que les has contado». Por eso, si decides introducirte en estas enseñanzas, probablemente observarás que son muy repetitivas, pero aprendemos gracias a la repetición. No puedes continuar con tus patrones de pensamiento viejos y limitadores y conseguir resultados nuevos e ilimitados. Pero a través de la repetición sencilla y practicada, con el tiempo vas desarrollando nuevos hábitos para mejorar tu vida.

En el mundo de los medios de comunicación hay un principio: «Las personas prefieren que las entretengan a que les informen». Bueno, a menos que te entretengas aprendiendo nuevas formas de ver la vida, probablemente encontrarás este libro más informativo que entretenido. No es una novela que se lee, se disfruta y se deja a un lado, es más bien un libro de texto sobre los principios para conseguir y mantener la riqueza, la salud y la felicidad, es un libro para leerlo, estudiarlo y ponerlo en práctica.

Fui conducido hasta esta información por mi deseo de ayudar a los demás a sentirse mejor, especialmente en el área del bienestar económico; por lo tanto, me siento especialmente satisfecho de que este libro sobre el *Dinero* esté de camino para todas aquellas personas que se han planteado las preguntas a las que aquí se da una respuesta.

El dinero y la Ley de la Atracción es el segundo de los cuatro libros sobre la *Ley de la Atracción*. Hace un par de años publicamos: *La Ley de la Atracción*. El siguiente será *Las relaciones y la Ley de la Atracción*; y el último de la serie será *La espiritualidad y la Ley de la Atracción*.

Revisar este material transformador para la publicación de este libro ha sido una experiencia maravillosa para Esther y para mí, porque hemos recordado los principios básicos y simples que nos transmitieron Abraham al principio de nuestra interacción.

Desde un inicio, Esther y yo hemos intentado aplicar a nuestras vidas las enseñanzas de Abraham. Y nuestra gozosa experiencia de crecimiento ha sido remarcable: después de dos decenios practicando estos principios, Esther y yo seguimos enamorados. (Incluso tras haber finalizado la construcción de esta nueva casa en California y de estar en proceso de construir un nuevo hogar en nuestra sede de Texas, seguimos disfrutando tanto de estar juntos que pasamos la mayor parte del año viajando en nuestro autocar Maratón de 13 metros, dando seminarios por todo el país.) Hace veinte años que no nos hemos hecho ninguna revisión médica (ni tenemos seguro). No tenemos deudas, y este año pagaremos más impuestos que la suma de todo el dinero que habíamos ganado durante todos los años anteriores a encontrar la guía de Abraham, y aunque ni todo nuestro dinero ni toda nuestra buena salud pueden *hacernos* felices, Esther y yo todavía estamos buscando formas de ser felices.

Con una dicha extraordinaria podemos deciros desde nuestra experiencia personal: *¡Esto funciona!*[1]

---

1. (Nota del editor de la edición original: recordamos al lector que, puesto que no siempre existen palabras en inglés para expresar exactamente los pensamientos No-Físicos que recibe Esther, a veces utiliza nuevas combinaciones de palabras, al igual que puede dar un nuevo sentido a palabras conocidas, como poner mayúsculas o cursivas cuando normalmente no se utilizarían, a fin de expresar nuevas formas de ver la vida.)

PARTE I

Pivotar y el Libro de los Aspectos Positivos

Tu historia y la *Ley de la Atracción*

La poderosa Ley de la Atracción ha respondido a tus pensamientos y a la historia que cuentas sobre tu vida atrayendo todos y cada uno de los componentes que forman tu experiencia. Tu dinero e ingresos económicos; tu estado de bienestar físico, tu claridad, flexibilidad, tamaño y forma; tu entorno laboral, el modo en que te tratan, tu satisfacción laboral y recompensas: es decir, toda la felicidad que experimentas en tu vida en general, todo es fruto de la historia que has creado. Si te autorizas a que tu intención principal sea revisar y mejorar el contenido de la historia que te cuentas todos los días, te aseguramos que ésta se convertirá en una historia de mejora constante. ¡Por la poderosa Ley de la Atracción ha de ser así!

¿Te parece injusta la vida a veces?

Querías más éxito y has luchado por conseguirlo, has hecho todo lo que te han dicho que tenías que hacer, pero el éxito que buscabas ha tardado en llegar. Te has esforzado mucho, sobre todo al principio, para aprender las cosas correctas, estar en los lugares correctos, hacer todo lo correcto, decir las palabras apropiadas… pero la mayoría de las veces tu situación no ha mejorado demasiado.

En una etapa más temprana de tu vida, cuando empezabas a albergar la idea de triunfar, te compensaba satisfacer las expectativas de los que marcaban las reglas del éxito. Tus profesores, padres y mentores parecían estar seguros y convencidos cuando te marcaban las pautas del éxito: «Sé siempre puntual; haz todo lo que puedas; trabaja duro; sé sincero; esfuérzate por alcanzar grandes metas; ve siempre más allá; no hay recompensa sin sufrimiento; y, lo más importante, no te rindas nunca».

Pero, con el tiempo, ya no encontrabas satisfacción en buscar la aprobación de los que marcaban las reglas, porque por más que lo intentaras, éstas no te ofrecían los resultados prometidos. Y lo más descorazonador era cuando contemplabas toda la situación objetivamente y te dabas cuenta de que sus principios, en general, tampoco *les* aportaban un verdadero éxito. Luego, para acabar de arreglar las cosas, empezaste a conocer a otros (que claramente *no* seguían esas normas) y que estaban triunfando sin la fórmula que con tanta diligencia aprendiste y aplicaste.

Así que empezaste a preguntarte: «¿Qué está pasando? ¿Cómo puede ser que los que trabajan tanto consigan tan poco, mientras que los que trabajan tan poco consiguen tanto? Mi cara educación no me recompensa; y mira a ese multimillonario que dejó muy pronto sus estudios. Mi padre trabajó mucho toda su vida, y nuestra familia tuvo que pedir dinero para pagar su funeral… ¿Por qué no me compensa mi duro trabajo como debería? ¿Por qué hay tan pocas personas que se hacen ricas, mientras que la mayoría nos esforzamos simplemente para ir tirando? ¿Qué es lo que no hago bien? ¿Qué es lo que saben esas personas que tienen éxito económicamente que yo no sé?»

¿No basta con «hacer todo lo que puedas»?

Cuando haces todo lo que puedes, cuando verdaderamente intentas hacerlo lo mejor posible según lo que te han dicho y el éxito se te resiste, es muy fácil que te pongas a la defensiva, y que al final te enfades con los que despliegan la evidencia del triunfo que deseas. A veces, incluso maldices sus logros simplemente porque te resulta demasiado doloroso ver que viven el éxito que a ti te rehúye. Este libro pretende ser una respuesta a esta condición crónica en los temas económicos de tu cultura.

Cuando llegas a la situación de condenar abiertamente el éxito económico que anhelas, éste no sólo no podrá llegar nunca, sino que estás perdiendo los derechos a la salud y felicidad que te ha dado Dios.

Muchas personas llegan a la conclusión incorrecta de que otros de su entorno físico se han unido para conspirar contra su éxito. Pues están convencidas de que han hecho todo lo posible para conseguirlo, y, al ver que no llega, creen que alguna fuerza negativa es la causa de que no tengan lo que desean. Pero te aseguramos que las cosas no son así, ni en la ausencia de lo deseado ni en la presencia de aquello que preferirías eliminar de tu experiencia. Nadie ha evitado o podido evitar tu éxito, ni tampoco proporcionártelo. Éste depende de ti. Todo está bajo tu control. Hemos escrito este libro para que, por fin, de una vez por todas, tu éxito esté bajo tu control consciente y deliberado.

Todo lo que puedo desear, lo puedo conseguir

Ha llegado la hora de que vuelvas a la verdadera naturaleza de tu Ser y que vivas conscientemente el éxito que las experiencias de tu vida te han ayudado a determinar que deseas. A medida que te relajes deliberadamente, respires profundo y leas esto con tranquilidad, empezarás a recordar de forma gradual pero segura cómo llega el éxito, pues en el fondo ya lo sabes, y estamos seguros de que escucharás el eco de estas verdades absolutas a medida que las vayas leyendo.

Las *Leyes* Eternas del *Universo* son coherentes y fiables, y siempre encierran la promesa de la expansión y la dicha. Aquí te las presentamos con un poderoso ritmo de comprensión que empezará como una pequeña semilla en tu interior, e irá creciendo con cada página que leas hasta que vuelvas a despertar al conocimiento de tu propósito y de tu poder personal, mientras vas recordando cómo acceder al poder del Universo que crea los mundos.

Si es cierto que esta realidad tiempo-espacio puede inspirarte un deseo en tu interior, también es cierto que puede ofrecerte una manifestación completa y satisfactoria de ese mismo deseo. Es la Ley.

• • •

Conseguir el éxito es mi derecho de nacimiento

La mayoría de las personas dan por hecho de que si su vida no discurre como desean, hay algo externo que está impidiendo que mejore, pues nadie alejaría deliberadamente su propio éxito. Pero aunque culpar a otros pueda hacer que se sientan mejor que asumiendo su responsabilidad por las situaciones no deseadas, creer que algo externo es la razón de tu fracaso tiene una gran repercusión negativa: *Cuando responsabilizas o culpabilizas a otro de tu éxito o de tu fracaso, no tienes poder para realizar ningún cambio.*

Cuando deseas el éxito, pero —desde tu perspectiva— no lo estás experimentando, en muchos niveles profundos de tu Ser reconoces que algo no va bien. Cuando este fuerte sentimiento de discordia personal amplía tu conciencia en cuanto a que no estás consiguiendo lo que deseas, a menudo pone en marcha otras suposiciones contraproducentes que evocan celos hacia los que *tienen* más éxito; resentimiento hacia miles de personas a las que te gustaría culpabilizar de tu fracaso; o incluso de tu autodenigración, que es la suposición más contraproducente y dolorosa de todas. Y queremos decirte que este incómodo malestar no sólo es normal, sino que es la respuesta perfecta a tu sentimiento de fracaso.

Tu malestar emocional es un poderoso indicador de que algo va muy mal. Estás destinado a triunfar, y el fracaso te ha de sentar mal. Se supone que has de estar bien, y la enfermedad *no se debe* aceptar. Se supone que te has de expandir, y el estancamiento *es* intolerable. Se supone que la vida te ha de ir bien, y cuando no es así, algo *va* mal.

Pero cuando algo va mal no es porque se haya cometido una injusticia, que los dioses de la buena suerte se hayan olvidado de ti o que otra persona haya recibido el éxito que debería haber sido tuyo. Cuando algo va mal es porque no estás en armonía con tu propio Ser, con *quién-eres-realmente*, con lo que la vida ha hecho que desearas, con aquello para lo que te has expandido y con las siempre coherentes *Leyes del Universo. Cuando algo va mal no es por nada ajeno a ti, sobre lo que no tienes ningún control. Cuando algo va mal es porque va mal dentro de ti y sí tienes control sobre ello. Tomar el control no es difícil cuando entiendes la esencia de quién-eres, la esencia de la Ley de la Atracción y el valor de tu Sistema de Guía Emocional personal con el que naciste, que siempre está activo, presente y es fácil de entender.*

El dinero no es la raíz ni del mal ni de la felicidad

Este importante tema del *dinero* y del *éxito* económico no es la «raíz del mal». Sin embargo, puesto que el tema del dinero afecta a la mayoría de un modo u otro cientos o incluso miles de veces al día, es un factor muy importante en tu composición vibratoria y en tu punto de atracción. Cuando puedes controlar una situación que te afecta la mayor parte del día, todos los días, has logrado algo primordial. En otras palabras, puesto que un elevado porcentaje de tus pensamientos giran en torno al tema del dinero o del bienestar económico, cuando los puedes dirigir deliberadamente, no sólo es cierto que tu economía ha de mejorar, sino que las pruebas de *ese* éxito te prepararán para mejorar deliberadamente en todos los aspectos de tu experiencia de vivir.

Si eres un alumno de la *Creación Deliberada*, si quieres crear conscientemente tu propia realidad, si deseas controlar la experiencia de tu vida, si quieres cumplir tu razón para existir, comprender estos importantes temas —*el dinero y la Ley de la Atracción*— te hará un gran servicio.

Yo soy quien atrae todas mis experiencias

Has venido a vivir una experiencia expansiva, excitante y gozosa. Ese era tu plan cuando tomaste la decisión de centrarte en tu cuerpo físico en esta realidad tiempo-espacio. Esperabas que esta experiencia física de la vida fuera excitante y gratificante. Es decir, sabías que la variedad y el contraste te estimularían a expandir tus deseos, y también sabías que todos y cada uno de tus deseos se podrían hacer realidad fácilmente. Sabías que la expansión de tus deseos era infinita.

Llegaste a tu cuerpo muy ilusionado con las posibilidades que te iba a inspirar esta experiencia de la vida, y a ese deseo inicial no le afectaban ni dudas ni temores, porque conocías tu poder y sabías que la experiencia de esta vida con todo su contraste sería un campo fértil para una maravillosa expansión. *La mayoría sabíais que veníais a esta vida con un Sistema de Guía Emocional que os ayudaría a ser fieles a vuestra intención original, así como a las infinitas intenciones modificadas que nacerían de la experiencia de esta vida. Resumiendo, sentíais entusiasmo por esta realidad tiempo-espacio que casi desafía la descripción física.*

No eras un principiante, aunque estuvieras empezando en tu diminuto y pequeño cuerpo físico; eras un poderoso genio creativo que tenías como objetivo un nuevo entorno de Primera Línea. Sabías que tendrías un tiempo para adaptarte a la vez que volverías a definir una nueva plataforma desde la cual iniciarías tu proceso de creación deliberada, y no tenías la menor preocupación respecto a ese tiempo de ajuste. De hecho, te gustaba el hogar en el que naciste y las personas que estaban allí para darte la bienvenida a tu nuevo entorno. Y aunque todavía no podías hablar su lenguaje con palabras —y que las personas que te acogían te veían como un ser recién llegado, desconocedor y necesitado de su guía—, poseías la estabilidad y el conocimiento que la mayoría de los adultos habían olvidado.

Naciste sabiendo que eras un Ser poderoso, que eras bueno, el creador de tu propia experiencia, y que la *Ley de la Atracción* era la esencia de toda creación aquí en tu nuevo entorno. Entonces recordaste que la *Ley de la Atracción* (todo objeto atrae la esencia de lo que se asemeja a él) es el pilar del Universo y que te serviría fielmente. Y así lo ha hecho.

Todavía recordabas que eras el creador de tu propia experiencia. Pero lo más importante, recordabas que lo hacías a través del *pensamiento, no de la acción.* No te sentías mal siendo pequeño e incapaz de realizar ninguna acción o de pronunciar una palabra, pues recordabas el Bienestar del Universo; recordabas tus intenciones al venir a este cuerpo físico, y sabías que tendrías tiempo de sobra para acostumbrarte al lenguaje y a tu entorno; y, lo más importante, sabías que aunque no pudieras traducir directamente tu vasto conocimiento del entorno No-Físico en palabras y descripciones físicas, no importaría porque las cosas más importantes para colocarte en la senda de la creación gozosa ya estaban en su lugar: sabías que la *Ley de la Atracción* estaría presente y que tu *Sistema de Guía* se activaría de inmediato. Y, ante todo, sabías que mediante la prueba, y lo que algunos llaman «error», acabarías adaptándote consciente y totalmente a tu nuevo entorno.

Conocía la coherencia de la *Ley de la Atracción*

El hecho de que la *Ley de la Atracción* es constante y estable en todo el Universo fue un gran factor para que te decidieras a venir a tu nuevo entorno físico, pues sabías que la reacción proveniente de la vida te ayudaría a recordar y a afianzarte. Recordabas que todo se basa en la *vibración*, que la *Ley de la Atracción* responde a las vibraciones y, que en esencia, las organiza, agrupando objetos con vibraciones parecidas, mientras separa aquellos cuyas vibraciones no se asemejan.

No te preocupaba no ser capaz de expresar enseguida ese conocimiento o explicárselo a los que te rodeaban, que aparentemente lo habían olvidado todo, porque sabías que la coherencia de esta poderosa *Ley* pronto se te manifestaría a través de los ejemplos de tu propia vida. Sabías que no te resultaría difícil saber qué tipo de vibraciones estabas emitiendo porque la *Ley de la Atracción* siempre te estaría proporcionando pruebas de esas vibraciones.

Es decir, cuando te sientes *abrumado*, las circunstancias y personas que podrían ayudarte a superar ese sentimiento no pueden encontrarte, ni tú encontrarlas a ellas. Por más que lo intentes, no puedes. Y las personas que *aparecen* en tu vida no te ayudan; por el contrario, aumentan tu sentimiento de agobio.

Cuando te sientes *maltratado,* la justicia no puede encontrarte. Tu percepción del maltrato y la vibración que emites debido a tu percepción impide que lo que consideras justo llegue a ti.

Cuando estás encerrado en la *decepción* o el *miedo* de no tener los recursos económicos que crees que necesitas, el dinero —o las oportunidades que te los aportarían— sigue esquivándote… no porque seas malo o no te lo merezcas, sino porque la *Ley de la Atracción* une las cosas que se asemejan, no las que son *distintas.*

Cuando te sientes *pobre* sólo puede llegar a ti lo que se asemeja a la *pobreza.* Cuando te sientes *próspero* sólo te puede llegar lo que se asemeja a la *prosperidad.* Esta *Ley* es coherente y, si prestas atención, la experiencia de la vida te enseñará cómo funciona. *Cuando recuerdas que obtienes la esencia de lo que piensas, y luego observas que lo estás obteniendo, tienes la clave de la Creación Deliberada.*

¿Qué queremos decir con *Vibración*?

Cuando hablamos de *vibración,* nos estamos refiriendo a la esencia de tu experiencia, puesto que todo se basa en la *vibración.* Podríamos utilizar indistintamente la palabra *Energía,* y también hay muchos otros sinónimos en tu vocabulario que se podrían aplicar correctamente.

La mayoría entienden las características vibratorias del sonido. A veces cuando las notas graves, profundas y ricas, de algún instrumento musical se tocan con fuerza, puedes sentir la naturaleza vibratoria del sonido.

Queremos que entiendas que cuando «oyes» algo, estás interpretando la vibración del sonido que estás escuchando. Lo que escuchas es *tu* interpretación, lo que oyes es tu interpretación *única* de esa vibración. Cada uno de tus sentidos físicos de ver, oír, degustar, oler y tocar existen porque todo en el Universo vibra con ellos, leen las vibraciones y te dan una percepción sensorial de ellas.

Cuando empiezas a entender que vives en un Universo pulsátil y vibratorio de armónicos avanzados, y que en la propia esencia de tu Ser estás vibrando en lo que sólo podría describirse como perfección en equilibrio y armonía vibratorios, empiezas a comprender la *vibración* del modo en que la estamos proyectando.

Todo lo que existe, en tu aire, tierra, agua y cuerpo, es vibración en movimiento, y todo lo dirige la poderosa Ley de la Atracción.

No podrías ordenarlo aunque quisieras. Ni tampoco es necesario porque la *Ley de la Atracción* se encarga de ello, siempre está uniendo las vibraciones similares, a la vez que repele las que no se asemejan.

Tus emociones, que en realidad son las más poderosas de tus seis intérpretes vibratorios físicos, te están ofreciendo constantemente una respuesta a los armónicos de tus pensamientos actuales (vibraciones), a la vez que los comparan con los armónicos de tu estado vibratorio esencial.

El mundo No-Físico es vibración.

El mundo físico que conoces es vibración.

No existe nada externo a esta naturaleza vibratoria.

No hay nada que no esté bajo la *Ley de la Atracción.*

Comprender la vibración te ayudará a unir conscientemente ambos mundos.

No es necesario que entiendas cómo funciona tu complejo nervio óptico o tu corteza visual para que puedas ver. No tienes que entender la electricidad para encender la luz, ni has de entender las vibraciones para sentir la diferencia entre la armonía o la discordia.

A medida que aprendes a aceptar tu naturaleza vibratoria y empiezas a utilizar conscientemente tus indicadores vibratorios emocionales, vas adquiriendo el control consciente de tus creaciones personales y de los resultados de tu experiencia de la vida.

Siempre que siento la abundancia, ésta fluye hacia mí

Cuando realizas la correlación consciente entre lo que has estado sintiendo y lo que está sucediendo en tu experiencia de la vida, tienes el poder para hacer cambios. Si no puedes hacer esa correlación y sigues emitiendo pensamientos de escasez respecto a lo que deseas, las cosas que quieres seguirán eludiéndote.

Muchas veces, la gente que no entiende esto empieza a asignar poder a las cosas externas a ellas para explicar por qué no medran como les gustaría: «No prospero porque nací en un entorno inapto. No prospero porque mis padres no prosperaron y no pudieron enseñarme cómo hacerlo. No prospero porque esas otras personas están prosperando y me están quitando los recursos que deberían ser míos. No prospero porque me estafaron, porque no me lo merezco, porque no viví de la forma correcta en mi vida anterior, porque mi Gobierno no respeta mis derechos, porque mi esposo/a no cumple con su parte... porque, porque, porque».

Nosotros queremos recordarte que tu falta de «prosperidad» no es sólo porque estás ofreciendo una vibración que difiere de la vibración de la prosperidad. *No puedes sentirte pobre (emitir una vibración de pobreza) y medrar. La abundancia no podrá encontrarte a menos que ofrezcas una vibración de abundancia.*

Muchos preguntan: «Pero, si ahora no estoy prosperando, ¿cómo puedo ofrecer una vibración de prosperidad? ¿No es necesario que prospere antes de emitir una vibración de prosperidad?» No cabe duda de que es más fácil mantener una condición de prosperidad cuando ya la estás experimentando, porque lo único que has de hacer es observar lo bueno que viene hacia ti, y esa misma observación hará que siga fluyendo. Pero si estás observando la ausencia de lo que deseas, has de encontrar la forma de sentir su esencia —incluso antes de que llegue—, o no podrá llegar.

No puedes dejar que tu ofrenda vibratoria llegue sólo como respuesta a *lo-que-es* y luego cambiar *lo-que-es*. Has de encontrar la manera de sentir el entusiasmo o la satisfacción por los sueños que todavía no se han realizado, para que éstos se puedan hacer realidad. Busca el modo de imaginar deliberadamente un escenario para el propósito de emitir una vibración y para que la *Ley de la Atracción* pueda acoplarla a una manifestación en la vida-real... *Cuando pides la manifestación antes que la vibración, estás pidiendo lo imposible. Cuando estás dispuesto a emitir la vibración antes de la manifestación, todo es posible. Es la Ley.*

Vivo deliberadamente, en vez de hacerlo por defecto

Este libro es para recordarte las cosas que ya sabes en algún nivel, para reactivar el conocimiento vibratorio que hay en tu interior. No es posible que leas estas palabras, que representa que son el conocimiento que traes desde tu Perspectiva Más Amplia, sin que notes que algo que ya sabías está empezando a aflorar a la superficie.

Eso es un despertar; el momento de recordar tu poder personal y tu razón de existir. Respira profundamente, intenta estar cómodo y lee detenidamente el contenido de este libro para restaurar tu esencia vibratoria original...

Aquí estás, en un maravilloso estado de ser: ya no eres un bebé bajo el control de otros, ya estás más adaptado a tu entorno físico, y ahora —al leer este libro— vuelves al reconocimiento del pleno poder de tu Ser... ya no vas a la deriva por la *Ley de la Atracción* como si fueras un pequeño corcho a merced de un mar embravecido, sino que por fin recuerdas y consigues el control de tu propio destino, por fin guías deliberadamente tu vida en el ámbito de la poderosa *Ley de la Atracción,* en lugar de responder por defecto y tomar la vida como viene. *Para que suceda eso, has de contar una historia diferente. Has de empezar a contar la historia de tu vida como quieres que sea ahora y dejar de contar historias sobre cómo ha sido o cómo es.*

Cuenta la historia que quieres experimentar

Para vivir deliberadamente, has de pensar deliberadamente, y para ello has de tener un punto de referencia para determinar la dirección correcta de tu pensamiento. En este momento, al igual que cuando naciste, los dos factores necesarios están en su lugar. La *Ley de la Atracción* (la *Ley* del Universo más poderosa y coherente) es omnipresente. Y tu *Sistema de Guía* está en tu interior, ambos a la espera y dispuestos a ofrecerte su respuesta direccional. *Sólo tienes que hacer una pequeña cosa pero que potencialmente puede cambiar tu vida: has de empezar a contar tu historia de otra manera. Has de contarla como quieres que sea.*

Cuando cuentas la historia de tu vida (y eso lo haces prácticamente cada día con tus palabras, pensamientos y acciones), has de sentirte bien. *En cualquier momento, respecto a cualquier tema, puedes enfocarlo positiva o negativamente, pues en cada partícula del Universo —en cada momento del tiempo y más allá del mismo— está vibrando lo que deseas y su ausencia para que elijas entre ambas cosas.* Y a medida que estas opciones constantes se te van revelando, tienes la de centrarte en lo que quieres o en la ausencia de lo que quieres respecto a cada tema, porque toda situación en realidad tiene dos aspectos: lo que quieres o la ausencia de lo que quieres. Por tu estado de ánimo puedes saber en qué opción te has centrado y cambiarla en cualquier momento.

Todo tiene dos aspectos

A continuación tienes algunos ejemplos que te ayudarán a ver los aspectos de cada objeto o situación:

Abundancia/Pobreza (falta de abundancia)

Salud/Enfermedad (falta de salud)

Felicidad/Tristeza (falta de felicidad)
Claridad/Confusión (falta de claridad)
Enérgico/Cansado (falta de Energía)
Conocimiento/Duda (falta de conocimiento)
Interesado/Aburrido (falta de interés)
Puedo hacer esto/no puedo hacerlo
Quiero comprar eso/No puedo comprarlo
Quiero sentirme bien/No me siento bien
Quiero más dinero/No tengo suficiente dinero
Quiero más dinero/No sé cómo conseguir más dinero
Quiero más dinero/Esa persona está consiguiendo más dinero del que le corresponde
Quiero estar delgado/a/Estoy gordo/a
Quiero un coche nuevo/Mi coche es viejo
Quiero un amante/No tengo un amante

Cuando leas esta lista, sin duda te resultará obvio cuál es la mejor opción en cada uno de los ejemplos, pero hay una cosa sencilla e importante que puede que estés olvidando. Cuando lees una lista semejante existe la tendencia a que sientas la necesidad de afirmar la verdad fáctica sobre el asunto («contarla tal como es»), en lugar de hacer la afirmación de lo que deseas. Esa tendencia es la única responsable de descrear y de no permitir la llegada de las cosas que deseas y que otras cosas han puesto juntas; por eso, los ejemplos y ejercicios que se ofrecen en este libro son para ayudarte a que te orientes hacia lo que *deseas*, no para explicar lo que ya *es*. *Has de empezar a contar una historia nueva si quieres que la <u>Ley de la Atracción</u> te aporte cosas diferentes.*

¿Cuál es la historia que cuento en estos momentos?

Una forma muy eficaz de empezar a contar la nueva historia es escuchar lo que dices durante el día, y cuando descubras que hablas de algo contrario a lo que deseas, detente y di: «Bueno, sé claramente lo que *no* quiero. ¿Qué es lo que *quiero*?» Entonces pronuncia deliberadamente y con empatía la afirmación de lo que deseas.

Odio este coche viejo, feo y poco seguro.
Quiero un coche nuevo, bonito y que pueda confiar en él.

Estoy gordo/a.
Quiero estar delgado/a.

Mi jefe no me aprecia.
Quiero que mi jefe me aprecie.

Muchas personas protestarían diciendo que el simple hecho de reordenar las palabras no hará que aparezca un coche nuevo y brillante, ni cambiará tu cuerpo con sobrepeso por otro delgado, ni hará que tu jefe de pronto cambie su personalidad y empiece a tratarte de forma diferente; pero estarían equivocadas. Cuando te centras deliberadamente en un situación y expresas cómo *quieres* que sea, con el tiempo experimentas un cambio real en tus sentimientos respecto a ella, lo que indicará un cambio vibratorio.

Cuando cambia tu vibración, cambia tu punto de atracción, y, por la poderosa Ley de la Atracción, las evidencias o indicadores que se manifiesten también cambiarán. No puedes hablar coherentemente de las cosas que quieres experimentar en tu vida sin que el Universo te proporcione su esencia.

El *Proceso de Pivotar* puede reorientar mi vida

El *Proceso de Pivotar* es el reconocimiento consciente de que todo tiene dos aspectos, y por lo tanto, implica un pensamiento y una conversación deliberada sobre el aspecto *deseado* del objeto. *Pivotar* te ayudará a activar desde dentro los aspectos que deseas respecto a todos los temas; y una vez que hayas cumplido esto, se manifestará en tu experiencia la esencia de todas las cosas que deseas.

Hemos de aclarar algo importante: si utilizas palabras que expresan algo que deseas, pero tienes *dudas* sobre ellas, *éstas* no te aportarán lo que deseas, porque tus sentimientos son el verdadero indicador de la dirección creativa de tu vibración-pensamiento. *La Ley de la Atracción no responde a tus palabras sino a la vibración que emana de ti.*

Sin embargo, puesto que no puedes hablar de lo que *quieres* y de lo que *no* quieres al mismo tiempo, cuanto más hablas de lo que *quieres,* con menos frecuencia hablarás de lo que *no* quieres. Y si te tomas en serio lo de decir lo que quieres en lugar de lo que es, con el tiempo (generalmente, bastante corto), cambiará el plato de la balanza hacia el que se decante tu vibración. Si hablas de ello con frecuencia, llegarás a sentir lo que dices.

Pero hay algo todavía más poderoso sobre el *Proceso de Pivotar: cuando la vida parece que te ha orientado negativa-*

mente hacia la escasez de algo que deseas, y cuando expresas la afirmación «Sé lo que no quiero, ¿qué es lo que quiero?», invocas en tu interior la respuesta a esa pregunta, y en ese momento se produce el comienzo de un cambio vibratorio. Pivotar es una poderosa herramienta que mejorará tu vida al instante.

Soy el creador de la experiencia de mi vida

Eres el creador de la experiencia de tu vida, y como creador es importante que comprendas que no estás creando por tus acciones, por lo que haces, ni siquiera por lo que dices. Creas en virtud del pensamiento que estás emitiendo.

No puedes hablar u ofrecer una acción sin que se produzca una vibración-pensamiento al mismo tiempo; sin embargo, con frecuencia estás ofreciendo una vibración-pensamiento sin expresarlo en palabras o acciones. Los niños o los bebés aprenden a imitar la vibración de los adultos que los rodean mucho antes de aprender a hablar.

Cada uno de tus pensamientos tiene su propia frecuencia vibratoria. Cada pensamiento que emites, tanto si es fruto de tu memoria, influencia de otro, como la combinación de algo que has estado pensando y sobre lo que *ahora* estás reflexionando, vibra a una frecuencia muy personal... y por la poderosa *Ley de la Atracción* (todo objeto atrae la esencia de lo que se asemeja a él), ese pensamiento ahora está atrayendo otro pensamiento que será su Homólogo Vibratorio. Y ahora, esos pensamientos combinados están vibrando a una frecuencia superior que el pensamiento inicial, y por la *Ley de la Atrac-*

ción, atraerán otro y otro y otro pensamiento, hasta que al final los pensamientos serán lo bastante poderosos como para atraer la situación o manifestación en la «vida real».

Todas las personas, circunstancias, acontecimientos y situaciones son atraídos hacia ti por el poder de tus pensamientos. Cuando entiendes que literalmente estás pensando o vibrando cosas para que se manifiesten, puede que descubras una nueva resolución en tu interior para crear deliberada y directamente tus propios pensamientos.

Los pensamientos sintonizados son los que te hacen sentirte bien

Muchas personas creen que su Existencia es algo más que su realidad física como seres de carne, sangre y huesos. Cuando las personas intentan buscar formas de etiquetar esa parte superior de sí mismas, utilizan palabras como *Alma, Fuente o Dios*. Nosotros nos referimos a esa parte más grande, antigua y sabia como *Ser Interior*, pero no importa la etiqueta que elijas para designar a tu parte Eterna. Lo que importa es que entiendas que existe ese *Tú* más grande, que siempre existirá, y que desempeña un gran papel en la experiencia que estás viviendo en este planeta Tierra.

Cada pensamiento, palabra o acción que ofreces se representa contra el telón de fondo de la Perspectiva Más Amplia. De hecho, la razón por la que en un momento de percepción clara de lo que *no* quieres te des cuenta categóricamente de qué es lo que quieres, es porque esa parte más amplia de ti está concediendo una atención unidireccional a lo que *quieres*.

Cuando cada día haces un esfuerzo consciente para dirigir más tus pensamientos hacia lo que quieres, empiezas a sentirte cada vez mejor, porque la vibración que activas con tu pensamiento con un sentimiento-mejorado se acerca más a la vibración de esa parte No-Física y más amplia de ti. Tu deseo de tener pensamientos agradables te ayudará a sintonizar con la Perspectiva Más Amplia de tu *Ser Interior*. De hecho, no es posible que te sientas realmente bien en cualquier momento, a menos que tus pensamientos presentes sean un Homólogo Vibratorio de los pensamientos de tu *Ser Interior*.

Por ejemplo, tu *Ser Interior* se centra en lo que vales, pero cuando tú identificas algún defecto en ti, la emoción negativa que sientes está en discordia vibratoria o resistencia. Tu *Ser Interior* elige centrarse sólo en las cosas que le inspiran amor; cuando te concentras en algún aspecto de alguien o algo que aborreces, te has alejado de la armonía vibratoria de tu *Ser Interior*. Tu *Ser Interior* se centra sólo en tu éxito; cuando eliges ver algo que estás haciendo como un fracaso, no estás sintonizado con su perspectiva.

* * *

Ver mi mundo a través de los ojos de la Fuente

Al elegir pensamientos que te hacen sentirte mejor y hablando más de lo que *quieres* y menos de lo que no quieres, paulatinamente sintonizas con la frecuencia vibratoria de tu *Ser Interior* más amplio y más sabio. Sintonizar vibratoriamente con esa Perspectiva Más Amplia mientras vives tu experiencia física de la vida es, sin lugar a dudas, lo mejor que te puede suceder, porque cuando consigues sintonizar vibratoriamente con esa Perspectiva Más Amplia, ves el mundo desde ella. *Ver tu mundo con los ojos de la Fuente supone tener la visión más espectacular de la vida, pues desde ese punto de ventaja vibratorio, estás en sintonía —y por lo tanto en el proceso de atraer— sólo con aquellas cosas que consideras que son las mejores para tu mundo.*

Esther, la mujer que traduce la vibración de Abraham en palabra hablada o escrita, lo hace relajándose y permitiendo deliberadamente que la vibración de su propio Ser se eleve hasta que sintonice con la vibración No-Física de Abraham. Hace muchos años que lo hace y se ha convertido en algo muy natural para ella. Hacía mucho tiempo que había comprendido la ventaja de sintonizar su vibración para poder traducir bien nuestro conocimiento para otros amigos físicos, pero no había entendido realmente otro maravilloso beneficio de esa sintonización, hasta una hermosa mañana de primavera cuando cruzaba el caminito de la entrada de casa para abrirle la puerta a su pareja que iba a entrar con el coche.

En ese momento, miró al cielo y le pareció más bello que nunca: tenía muchos colores, y el contraste de las sorprendentes nubes blancas sobre el brillante cielo azul la embelesó. Escuchó el dulce canto de los pájaros que estaban lejos y que no podía ver, pero su hermoso sonido hizo que se estremeciese de alegría. Los oía como si estuvieran justo encima de su cabeza o apoyados sobre su hombro. Entonces fue consciente de las muchas y deliciosas fragancias de las plantas, de las flores y de la tierra, que le aportaba el viento y la envolvía. Se sentía viva, feliz y enamorada de su mundo. Y dijo en voz alta: «¡No puede haber existido nunca en todo el Universo un momento en el tiempo más hermoso que éste, aquí y ahora!»

Después dijo: «Abraham, sois *vosotros* ¿verdad?» Y nosotros dibujamos una amplia sonrisa a través de sus labios porque nos había pillado mirando a través de sus ojos, escuchando a través de sus orejas, oliendo a través de su nariz y sintiendo a través de su piel.

«Efectivamente —respondimos— estamos disfrutando de las maravillas de vuestro mundo físico a través de tu cuerpo.»

Esos momentos de tu vida en los que sientes un júbilo total, son momentos de plena sintonización con tu Fuente. Cuando sientes la poderosa atracción hacia una idea, o un verdadero interés, también son momentos de sintonización total. De hecho, cuanto mejor te sientes, más sintonizado estás con tu Fuente, con *quien-eres-realmente.*

Esta sintonización con tu Perspectiva Más Amplia no sólo te permite conseguir con mayor rapidez las grandes cosas que deseas en tu vida —como relaciones maravillosas, carreras satisfactorias y los recursos para hacer las cosas que realmente deseas—, sino que sintonizar conscientemente realza cada instante de tu vida. *Cuando sintonices con la perspectiva de tu Ser Interior, tus días se llenarán de maravillosos momentos de claridad, satisfacción y amor. Y esa es verdaderamente la forma en la que pretendías vivir cuando viniste a este maravilloso lugar, a esta maravillosa época y a este maravilloso cuerpo.*

Puedo elegir deliberadamente sentirme mejor

La razón por la que Esther pudo permitir que esa perspectiva más amplia de Abraham fluyera a través de ella, proporcionándole esa maravillosa experiencia, fue porque había comenzado el día contemplando las razones para sentirse bien. Buscó la primera razón para sentirse bien cuando todavía estaba en la cama, y ese pensamiento atrajo otro y luego otro, hasta que cuando llegó a la verja (que fue aproximadamente unas dos horas después), gracias a la elección deliberada de sus pensamientos, había conseguido una frecuencia vibratoria de un nivel lo suficiente próximo a su *Ser Interior* como para poder conectar con él.

El pensamiento que tienes en estos momentos no sólo atrae al siguiente y luego al siguiente... y así sucesivamente, sino que también te proporciona la base para sintonizar con tu Ser Interior. Cuando piensas y hablas coherente y deliberadamente de lo que quieres y menos de lo que no quieres, te resulta más fácil sintonizar con la esencia pura y positiva de tu propia Fuente; y bajo esas condiciones, tu vida te resultará extraordinariamente placentera.

¿Puede una emoción negativa provocar una enfermedad?

La experiencia de Esther en la verja se vio espectacularmente realzada por su sintonización vibratoria con su Fuente, y por consiguiente con su Bienestar absoluto. Pero también es posible que experimentes lo contrario de esa experiencia sublime si no has sintonizado con la Fuente y el Bienestar. En otras palabras, la enfermedad o dolencia, o la falta de Bienestar, se produce cuando vibratoriamente no te autorizas a sintonizar con tu Bienestar.

Siempre que experimentas una *emoción negativa* (*miedo, duda, frustración, soledad,* etcétera), ese sentimiento negativo ha sido el resultado de un pensamiento que no vibraba en la misma frecuencia que tu *Ser Interior.* A través de todas las experiencias de tu vida —físicas y No-Físicas—, tu *Ser Interior,* o tu *Yo Total,* ha evolucionado hacia el *conocimiento*. Por eso, siempre que te centras conscientemente en un pensamiento que no está en armonía con el conocimiento de tu *Ser Interior,* ese sentimiento será una emoción negativa.

Si te sentaras sobre los pies y cortaras el flujo de la circulación sanguínea, o si te pusieras un torniquete en el cuello y restringieras el paso del oxígeno, sentirías al momento el efecto de esa restricción. Igualmente, cuando tienes pensamientos que no están en armonía con los de tu *Ser Interior,* el flujo de la *Fuerza Vital,* o *Energía,* que entra en tu cuerpo físico queda interrumpido o restringido, y el resultado de esa restricción es una emoción negativa. *Cuando permites que una emoción negativa se mantenga durante un largo período de tiempo, sueles experimentar un deterioro de tu cuerpo físico.*

Recuerda que toda situación tiene dos aspectos: *lo que se desea* y *la ausencia de lo que se desea.* Es como tomar un bastón por sus dos extremos: uno representa lo que *deseas* y el otro lo que *no* deseas. Así que el bastón denominado «Bienestar Físico» tiene la «salud» en un extremo y la «enfermedad» en el otro. No obstante, las personas no experimentan la «enfermedad» sólo porque estén mirando el extremo negativo del bastón del «Bienestar Físico», sino porque han estado fijándose en el extremo del «Sé lo que no quiero» de muchos, *muchos* bastones.

Cuando prestas constantemente tu atención a las cosas que *no* deseas —mientras tu Ser Interior piensa en las cosas que *deseas*—, con el tiempo te separas vibratoriamente de tu *Ser Interior,* y eso es la enfermedad: una separación (provocada por la elección de tus pensamientos) entre tu *Ser Interior* y *tú.*

Pivota de sentirte mal a sentirte bien

Todo el mundo quiere sentirse bien, pero la mayoría de las personas creen que es necesario que su entorno sea agradable para *poder* conseguirlo. De hecho, los sentimientos de la mayoría de las personas en cualquier momento de su vida dependen de lo que estén observando. Si lo que observan les complace, se sienten bien, pero si no es así, se sienten mal. Se sienten bastante impotentes respecto a su estado de ánimo porque creen que han de cambiar las circunstancias que los rodean, pero también que no tienen el poder para cambiar muchas de esas situaciones.

Sin embargo, cuando entiendes que toda situación es doble —lo que se desea y la ausencia de ello—, puedes aprender a ver más aspectos positivos de aquello a lo que le estés prestando atención. *De eso trata el <u>Proceso de Pivotar</u>: de buscar deliberadamente una forma —de sentirse mejor— más positiva de contemplar aquello a lo que le estás prestando atención.*

Cuando estás ante una situación no deseada, y por consiguiente, te sientes mal, si dices deliberadamente: «Sé lo que *no* quiero… ¿qué es lo que *quiero?*», la vibración de tu Ser, que se ve afectada por tu punto de enfoque, cambiará ligeramente, haciendo que también cambie tu punto de atracción. Así es cómo empiezas a contar una historia diferente de tu vida. En lugar de decir: «Nunca tengo suficiente dinero», dices: «Espero tener suficiente dinero». Esto supone una historia, una vibración y un sentimiento muy diferentes, que con el tiempo te aportarán un resultado muy diferente.

Si sigues preguntándote, desde tu punto de ventaja siempre cambiante: «¿Qué es lo que quiero?», al final llegarás a un lugar muy agradable, pues no puedes estar preguntándote qué es lo que quieres sin que tu punto de atracción empiece a cambiar en esa dirección… El proceso será gradual, pero si lo continúas aplicando, obtendrás resultados maravillosos en tan sólo unos días.

¿Estoy en armonía con lo que deseo?

El *Proceso de Pivotar* es sencillo: siempre que te das cuenta de que sientes una emoción negativa (es que en realidad estás sintiendo la falta de armonía con algo que deseas), lo que tienes que hacer es pararte y decir: *estoy sintiendo una emoción negativa, lo que significa que no estoy en armonía con lo que quiero. ¿Qué es lo que quiero?*

Cada vez que tienes una emoción negativa, estás en una posición excelente para identificar qué es lo que deseas en ese momento, porque nunca tienes más claro lo que *quieres* como cuando experimentas lo que *no quieres*. Así que haz una pausa en ese momento y di: *Aquí hay algo importante; de lo contrario, no sentiría esta emoción negativa. ¿Qué es lo que quiero?* Simplemente lleva tu atención hacia lo que deseas. ... *En el momento en que centras tu atención en lo que quieres, la atracción negativa se detiene, y cuando sucede eso, empieza la atracción positiva. Y —en ese momento— cambiará tu estado de ánimo de sentirte mal a sentirte bien. Ese es el Proceso de Pivotar.*

¿*Qué* es lo que quiero y *por qué*?

Quizás la mayor reticencia que tienen las personas para empezar a contar una historia diferente sobre su vida sea su creencia de que siempre han de decir la «verdad» sobre dónde se encuentran en esos momentos, o que han de decir las cosas «tal como son». Pero cuando entiendes que la *Ley de la Atracción* responde a tu historia de «cómo es» —y por consiguiente está perpetuando más de aquello de lo que estás hablando—, puede que decidas que te conviene más contar una historia diferente, que se acerque más a lo que te gustaría vivir *ahora*. Cuando reconoces lo que no quieres y luego te preguntas: «¿Qué es lo que *quiero*?», empiezas a realizar un cambio gradual en la nueva historia que cuentas y en tu punto de atracción notablemente mejorado.

Siempre es útil recordar que obtienes la esencia de lo que piensas —tanto si lo deseas como si no—, puesto que la Ley de la Atracción siempre es coherente. Por consiguiente, nunca estás contando únicamente la historia de «cómo es ahora».

También estás contando la historia de la experiencia futura que estás creando en el presente.

A veces la gente no entiende bien en qué consiste el Proceso de Pivotar y supone incorrectamente que *pivotar* significa ver algo que *no deseas* e intentar convencerte de que eso es lo que *deseas*. Cree que le estamos pidiendo que vea algo que claramente está *mal* y que lo considere *correcto*, o que es una forma de autoengaño para aceptar algo no deseado. Pero nunca puedes *engañarte* a ti mismo para sentirte mejor respecto a algo, porque la forma como te sientes es la forma como te sientes, y la forma como te sientes siempre es el resultado del pensamiento que has elegido.

Es algo realmente maravilloso que a través del proceso de vivir y de observar las cosas que *no deseas*, puedas llegar a conclusiones claras sobre lo que *sí deseas*. Y cuando te preocupas por cómo te sientes, puedes aplicar el *Proceso de Pivotar* para dirigir tu atención hacia los aspectos más *deseados* de tu vida, y dejar de lado los *no deseados*. Entonces, puesto que la *Ley de la Atracción* responde a tus pensamientos cada vez mejores, observarás que se transforma tu experiencia de la vida para coincidir con esos aspectos *deseados*, mientras que los *no deseados* se irán desvaneciendo.

Cuando aplicas deliberadamente el Proceso de Pivotar, significa que estás eligiendo deliberadamente tus propios pensamientos, lo que a su vez significa que estás eligiendo deliberadamente tu punto de atracción vibratorio, y también estás eligiendo deliberadamente la forma en que se desarrollará tu vida. Pivotar es el proceso de centrarse en un objetivo deliberadamente con la intención de dirigir tu propia experiencia de la vida.

Puedo sentirme mejor ahora mismo

La gente suele quejarse de que le resultaría mucho más fácil concentrarse en algo positivo si ya estuviera sucediendo en su vida. Reconoce que es mucho más fácil sentirse bien con algo cuando ya te está sucediendo algo bueno. No negamos que sea más fácil sentirse bien cuando observas cosas que consideras buenas. Pero cuando crees que sólo puedes fijarte en lo que *está* sucediendo, y si eso no es agradable, puedes pasarte toda la vida esperando, porque tu atención hacia las cosas *no deseadas* estará evitando que lleguen las cosas *deseadas*.

No has de esperar a que sucedan cosas buenas para sentirte bien, porque tienes la capacidad de dirigir tus pensamientos hacia cosas mejores, independientemente de lo que estés experimentando en el presente. Y cuando te preocupas por tu estado de ánimo y estás dispuesto a pivotar y a dirigir tu atención hacia pensamientos que te hacen sentirte mejor, pronto inicias la transformación deliberada y positiva de tu vida.

Las cosas que llegan a tu experiencia de la vida lo hacen como respuesta a tu vibración. Tu vibración es la expresión de tus pensamientos y por tu estado de ánimo puedes saber qué tipos de pensamientos tienes. Encuentra pensamientos que te ayuden a sentirte bien, y se manifestarán las cosas que te hagan sentirte bien.

Muchas personas dicen: «Me resultaría mucho más fácil ser feliz si estuviera en otro sitio: si mi relación fuera mejor, si fuera más fácil vivir con mi pareja, si no me doliera nada, si mi cuerpo fuera diferente, si mi trabajo fuera más gratificante, si tuviera más dinero… Si las condiciones de mi vida fueran mejores, me sentiría mejor, entonces me sería más fácil tener pensamientos más positivos».

Ver cosas agradables te ayuda a sentirte bien, y es más fácil conseguir ese estado cuando hay algo agradable y evidente que contemplar, pero no puedes pedir a los demás que sólo orquesten cosas agradables para ti. Esperar que los demás te proporcionen el entorno perfecto no es una buena idea por muchas razones: 1) no es su responsabilidad hacerte el nido; 2) no pueden controlar las condiciones que has creado a tu alrededor; y 3) lo más importante es que de ese modo estarías entregando tu poder de crear tu propia experiencia.

Toma la decisión de ver los aspectos que te hagan sentirte mejor respecto a aquello a lo que debes prestar tu atención, o busca sólo cosas agradables para centrar tu atención, y tu vida se irá llenando de aspectos positivos.

Atender a lo que no se desea atrae más de lo mismo

Cada cosa agradable tiene su contrapartida desagradable, porque cada partícula del Universo contiene lo que se desea y la ausencia de lo deseado. Cuando diriges tu atención a un aspecto no deseado para alejarlo de tu vida, lo único que consigues es acercarlo más, porque obtienes aquello a lo que le prestas tu atención tanto si lo deseas como si no.

Vives en un Universo basado en la «inclusión». En otras palabras, no existe la «exclusión» en este Universo «basado-en-la-inclusión». Cuando dices sí a algo que deseas, equivale a decir «Sí, esta cosa que deseo, por favor *ven a mí*». Cuando contemplas algo que no deseas, equivale a decir: «¡*Ven a mí*, esta cosa que no deseo!»

Dentro de todo lo que te envuelve está lo *deseado* y lo *no deseado*. De ti depende centrarte en lo que deseas. Ve tu entorno como una barra libre, y elige más deliberadamente tus pensamientos. Si pruebas a elegir cosas que te hagan sentirte bien, a la vez que te intentas contar una historia diferente sobre tu vida, las personas y las experiencias que hay en ella, verás que ésta se empieza a transformar para coincidir con la esencia de los detalles de la historia nueva-y-mejorada que estás contando ahora.

¿Me concentro en lo que deseo o en lo que no deseo?

A veces crees que estás buscando lo que quieres cuando en realidad es justo lo contrario. Sólo porque tus palabras sean positivas y sonrías cuando las dices, no significa que estés vibrando en el extremo positivo del bastón. Sólo siendo consciente de cómo te *sientes* al hablar puedes estar seguro de que estás emitiendo una vibración que coincide con lo que *deseas*, en lugar de que lo hagas con lo que *no deseas*.

Concéntrate en la solución, no en el problema

Justo cuando el hombre del tiempo anunciaba una «terrible sequía», nuestra amiga Esther paseaba por uno de los caminos de su propiedad de Texas Hill Country; al observar lo seca que estaba la hierba, empezó a preocuparse mucho por el bienestar de los hermosos árboles y arbustos que empezaban a dar muestras de fatiga por la falta de agua. Vio que la bañera para pájaros estaba vacía aunque la había llenado hacía sólo unas horas y pensó que probablemente los ciervos sedientos habían saltado la valla para bebérsela. Mientras reflexionaba sobre la desesperada situación, se detuvo, miró hacia arriba y dijo:

—Abraham, quiero lluvia.

Y enseguida le respondimos:

—¿Crees que desde esta postura de escasez vas a conseguir lluvia?

—¿Qué es lo que estoy haciendo mal? —preguntó.

—¿*Por qué* quieres la lluvia? —respondimos.

—La quiero porque refresca la tierra. La quiero porque así todas las criaturas de los arbustos tendrán agua y podrán beber. La quiero porque hace que la hierba sea verde, porque me gusta su tacto sobre mi piel, y porque hace que todos nos sintamos mejor.

—Ahora estás atrayendo la lluvia —respondimos.

Nuestra pregunta, «¿*Por qué* quieres la lluvia?», ayudó a Esther a retirar su atención del *problema* y a centrarla en la *solución*. Cuando reflexionas sobre *por qué* quieres algo, tu vibración suele cambiar o *pivotar* en la dirección de tu deseo. Pero en cuanto reflexionas sobre *cómo* sucederá, *cuándo* o *quién* lo traerá, tu vibración vuelve a centrarse en el problema.

En el proceso de alejar su atención de lo que estaba mal —gracias a que le preguntamos *por qué* quería la lluvia—, consiguió *pivotar*. No sólo empezó a pensar en *lo que* quería, sino en *por qué* lo quería; y en ese proceso, empezó a sentirse mejor. Esa tarde llovió, y por la noche el hombre del tiempo informó de que había habido «una inusual tormenta aislada en Hill Country».

Tus pensamientos son poderosos y tienes mucho más control sobre tu experiencia de lo que te imaginas.

Lo que *quiero* es sentirme bien

Un joven padre perdió la paciencia con su hijo pequeño porque mojaba la cama cada noche. No sólo estaba frustrado por el problema físico de que mojara la cama, sino que le preocupaba las consecuencias emocionales de que eso durara tanto tiempo. Y a decir verdad, se sentía avergonzado por la conducta de su hijo.

—Es demasiado mayor para esto —nos dijo quejándose.

—¿Qué sucede cuando vas por la mañana a su dormitorio? —le preguntamos.

—Bueno, en cuanto entro en su habitación, por el olor sé que ha vuelto a pasar —respondió.

—¿Y cómo te sientes en ese momento? —le preguntamos.

—Impotente, furioso, frustrado. Hace mucho tiempo que pasa y no sé qué hacer al respecto.

—¿Qué le dices a tu hijo?

—Le pido que se saque la ropa mojada y que se vaya a la bañera. Le digo que es demasiado mayor para esto y que ya lo hemos hablado otras veces.

Le dijimos que estaba favoreciendo que su hijo siguiera mojando la cama. Le explicamos: *Cuando tus emociones están controladas por una situación, nunca puedes influir para que se produzca un cambio en ella; pero cuando eres tú quien controlas tus sentimientos respecto a una situación, tienes el poder para influir en ella.* Por ejemplo, entras en el cuarto de tu hijo y te das cuenta de que ha sucedido algo que no querías; si te detienes un momento para reconocer que ha sucedido lo que *no deseas,* luego te preguntas qué es lo que *deseas* y refuerzas esa parte de la ecuación preguntándote *por qué* lo deseas, no sólo te sentirás mejor inmediatamente, sino que pronto empezarás a ver los resultados de tu influencia positiva.

—¿Qué quieres? —le preguntamos.

—Quiero que mi pequeño se despierte feliz y seco, orgulloso de sí mismo y que no se sienta avergonzado —nos dijo.

Este padre se sintió mejor cuando se concentró en lo que quería, porque al hacer ese esfuerzo encontró armonía en su deseo.

—Cuando tienes ese tipo de pensamientos, lo que saldrá de ti será armonía con lo que *quieres* en lugar de armonía con lo que *no quieres,* y podrás influir de más positivamente en tu hijo. Entonces saldrán de ti palabras como: «Oh, esto forma parte de crecer. Todos hemos pasado por esto y tú estás creciendo muy rápido. Ahora, sácate la ropa mojada y ve a la bañera».

Este joven padre llamó al poco tiempo y nos contó feliz que su hijo había dejado de mojar la cama...

Siempre que me siento mal, atraigo lo que no deseo

Aunque casi todo el mundo es consciente, en mayor o menor grado, de su estado de ánimo, pocos entienden la importancia de la guía que proporcionan los sentimientos y emociones. Dicho de la manera más simple: *Cuando te sientes mal, estás en el proceso de atraer algo que no te gustará. Sin excepción, la razón de una emoción negativa es que estás centrado en algo que no deseas, o en la escasez o ausencia de lo que deseas.*

Muchos contemplan la emoción negativa como algo indeseable, pero nosotros preferimos verla como una importante guía que te ayuda a entender en qué dirección pones tu objetivo... por consiguiente, la dirección de lo que estás atrayendo. Podrías llamarlo «señal de alarma», porque sin duda te da una señal que te hace saber que es el momento de pivotar, pero preferimos llamarlo «señal de *guía*».

Tus emociones son tu *Sistema de Guía* que te ayuda a entender que con cada uno de tus pensamientos estás en el proceso de crear. Con frecuencia, las personas que empiezan a entender el poder del pensamiento y la importancia de ponerse como objetivo cosas agradables, se sienten abochornadas, o incluso furiosas consigo mismas, cuando descubren una emoción negativa, pero no hay razón para enfadarse con uno mismo por tener un *Sistema Guía* que funciona perfectamente.

Siempre que eres consciente de que tienes una emoción negativa, empieza por hacerte cumplidos, por ser consciente de tu Guía, y trata de mejorar suavemente ese sentimiento eligiendo pensamientos que te ayuden a sentirte mejor. Esto sería un Proceso de Pivotar muy sutil en el que vas eligiendo gradualmente pensamientos que te hacen sentirte mejor.

Cuando sientas una emoción negativa, podrías decirte: *Estoy sintiendo una emoción negativa, lo que significa que estoy en el proceso de atraer algo que no deseo. ¿Qué es lo que quiero?*

Normalmente, el mero hecho de reconocer que «quieres sentirte bien» te ayudará a volver a tus pensamientos positivos. Pero es importante que entiendas la diferencia entre «*desear* sentirte bien» y «*no querer* sentirte mal». Algunas personas piensan que es sólo una forma distinta de decir lo mismo, cuando estas dos afirmaciones son opuestas, con grandes diferencias vibratorias. *Si puedes empezar a orientar tus pensamientos buscando incesantemente cosas que te ayuden a sentirte mejor, empezarás a desarrollar patrones de pensamientos, o creencias, que te ayudarán a crear una vida magnífica y llena de emociones positivas.*

Mis pensamientos coinciden con otros pensamientos homólogos cada vez más fuertes

Sea cual sea el pensamiento en el que estás concentrado —tanto si es un recuerdo del pasado, algo que estás observando en el presente como un pensamiento sobre el futuro—, ese pensamiento está activo en tu interior en estos momentos y está atrayendo pensamientos e ideas similares. Tus pensamientos no sólo atraen otros pensamientos de naturaleza similar, sino que, cuanto más tiempo te concentras en ellos, más fuertes se vuelven y más poder de atracción acumulan.

Nuestro amigo Jerry comparó esto con las amarras de un barco que vio un día en la maniobra de atracar en el puerto. Tenían que amarrarlo con una cuerda enorme, demasiado grande y voluminosa para lanzarla al aire. Así que primero lanzaron al muelle un carrete de cuerda fina. La cuerda fina estaba ensamblada a otra más gruesa, que a su vez estaba ensamblada a otra más gruesa… hasta que al final la cuerda grande pudo ser arrastrada fácilmente a través del agua y se realizó la maniobra de amarre. Esto se parece al modo en que unos pensamientos atraen a otros, se conectan entre ellos, etcétera.

En algunos temas, puesto que has estado tirando de la cuerda negativa durante más tiempo, te es muy fácil irte por la tangente negativa. Es decir, basta con un pequeño comentario negativo por parte de alguien, un recuerdo o una sugerencia para decantarte directamente por el lado negativo.

Tu punto de atracción varía predominantemente a raíz de las cosas que piensas todos los días a lo largo de la jornada, y tú tienes el poder de dirigir tus pensamientos de forma negativa o positiva. Por ejemplo: estás en una tienda de alimentación y observas que algo que sueles comprar ha aumentado considerablemente de precio, y te invade un profundo malestar. Puede que pienses que sencillamente te sientes mal por la repentina subida de precio de ese artículo, y puesto que no puedes hacer nada respecto a los precios que pone este establecimiento, no tienes otra opción que sentir ese malestar. Sin embargo, queremos destacar que tu malestar no es por la acción del tendero de subir el precio de sus artículos, sino por la dirección que han tomado tus pensamientos.

Al igual que la analogía de la cuerda atada a otra cuerda y a otra, tus pensamientos están conectados entre ellos y viajan rápidamente hacia lugares vibratorios más elevados. Por ejemplo: *Vaya, el precio de este producto ha subido mucho respecto a la semana pasada… esta subida de precio me parece un abuso… no hay razón para la avaricia del mercado… las cosas se están poniendo por las nubes… no sé adónde vamos a ir a parar… no podemos seguir así… nuestra economía va mal... no puedo pagar estos precios... tengo problemas para llegar a fin de mes... no gano bastante dinero para poder afrontar la subida del coste de la vida...*

Por supuesto, esta tendencia de pensamiento negativo puede moverse en muchas direcciones —hacia culpar al tendero, a la economía, al Gobierno—, pero, en general, siempre se centra en cómo sientes que esa situación te afectará a ti, porque todo lo que observas te parece negativo. Y en verdad, todo *es* personal para ti porque estás ofreciendo una vibración que está afectando a lo que estás atrayendo por la elección de tus pensamientos.

Si eres consciente de cómo te sientes y entiendes que tus emociones están indicando la dirección de tus pensamientos, podrás guiarlos de una forma más deliberada. Por ejemplo: *Vaya, esto ha subido mucho respecto a la semana pasada... sin embargo, no me he fijado en los otros productos de mi cesta de la compra... puede que estén al mismo precio... o quizás algo más bajos... no había prestado atención... me he fijado en éste porque la subida ha sido notable... los precios fluctúan... siempre me las arreglo... las cosas han subido un poco, pero todo irá bien... nuestro sistema de distribución es impresionante por poner a nuestro alcance semejante variedad de productos...*

Cuando decides que quieres sentirte bien, te resulta mucho más fácil elegir esa dirección en tus pensamientos.

Cuando el deseo de sentirte bien está realmente activo en tu interior, siempre tendrás la inspiración para tener pensamientos positivos, y cada vez te será más fácil dirigirlos en direcciones productivas. Tus pensamientos contienen un enorme poder creativo y de atracción que sólo utilizas de manera eficaz cuando ofreces sistemáticamente pensamientos que te hacen sentirte bien. Cuando tus pensamientos van constantemente adelante y atrás entre lo deseado y lo no deseado, los pros y los contras, los más y los menos, pierdes el beneficio del impulso de tu pensamiento positivo y puro.

Cómo crear un *Libro de los Aspectos Positivos*

En el primer año en que Jerry y Esther empezaron a trabajar con nosotros, utilizaban pequeñas salas en hoteles de distintas ciudades en un radio de unos 500 kilómetros de su hogar de Texas para ofrecer un lugar cómodo a las personas que deseaban venir a plantearnos sus preguntas. Había un hotel en la ciudad de Austin que siempre parecía olvidarse de que venían, aunque Esther hubiera hecho las confirmaciones pertinentes con el hotel, firmado contratos e incluso llamado pocos días antes del evento. El hotel siempre podía alojarlos (aunque cuando llegaban parecía que nadie los estaba esperando), pero para Esther y Jerry les resultaba muy incómodo tener que estar achuchando al personal del hotel para que prepararan la sala a toda prisa para sus invitados.

—Creo que deberíamos buscar otro hotel —dijo Esther al final.

—Puede que sea una buena idea, pero recuerda que *siempre vas a ir contigo* —le dijimos nosotros.

—¿Qué queréis decir? —preguntó ella un poco a la defensiva.

—*Si emprendes tu acción desde tu perspectiva de escasez, la acción siempre será contraproducente*. De hecho, es probable que el nuevo hotel os trate como lo ha estado haciendo este último.

Jerry y Esther se rieron con nuestra explicación porque ya habían cambiado de hotel por la misma razón.

—¿Qué hemos de hacer? —preguntaron.

Les dijimos que se compraran una libreta y que escribieran con letras grandes en la portada: MI LIBRO DE LOS ASPECTOS POSITIVOS. Y en la primera página escribieran: «Aspectos Positivos del __________ Hotel en Austin».

Así Esther empezó a escribir: «Tiene unas bonitas instalaciones. Está inmaculado. Está bien situado. Está cerca de la autopista y está bien señalizado para llegar. Tienen salas de diferentes tamaños para acomodar a nuestro creciente número de seguidores. El personal del hotel siempre es muy amable...»

Cuando Esther empezó a escribir estas cosas, cambiaron sus *sentimientos* respecto al hotel de negativos a positivos, y en el momento en que empezó a *sentirse* mejor, cambió el *atractivo* proveniente del hotel.

No escribió: «Siempre están preparados esperándonos», porque esa no había sido su experiencia, y haber escrito eso habría despertado un sentimiento contradictorio, o sentirse a la defensiva, o de tener que justificarse. Queriendo sentirse bien y fijando deliberadamente su atención en las cosas que le gustaban del hotel, su punto de atracción sobre el hotel cambió, y entonces sucedió algo que a ella le pareció muy interesante: nunca más volvieron a olvidarse de los días que tenían concertados. Le hizo gracia darse cuenta de que el personal del hotel no se había estado olvidando de sus contratos por negligencia o desorganización. Simplemente estaba influenciado por los pensamientos que imperaban en su mente respecto a ellos. Resumiendo, no podían resistirse a su corriente de pensamientos negativos.

A Esther le gustó tanto el *Libro de los Aspectos Positivos* que empezó a escribir varias páginas sobre muchos otros aspectos de su vida. La animamos a que no sólo escribiera sobre las cosas en las que deseara mejorar sus sentimientos, sino que escribiera sobre las cosas en las que se sintiera más positiva, para adquirir el hábito de pensar en positivo y por el placer de gozar de esos pensamientos. Es una bonita forma de vivir.

La *Ley de la Atracción* da poder a los pensamientos

Con frecuencia, cuando experimentamos una situación indeseada, sentimos que tenemos que explicar por qué ha sucedido, quizá para intentar justificarla. *Cuando defiendes, justificas, racionalizas o culpabilizas a algo o a alguien, estás en un lugar de atracción negativa.* Cada palabra que dices cuando explicas por qué algo no es como tú quieres, perpetúa la atracción negativa, porque no puedes concentrarte en lo que *deseas* mientras estás explicando *por qué* estás experimentando algo que *no deseas. No puedes estar concentrado en los aspectos negativos y en los positivos al mismo tiempo.*

Muchas veces, para determinar dónde empezó el problema, lo único que haces es mantenerte más tiempo en la atracción negativa: *¿Cuál es la causa de mi problema? ¿Cuál es la razón por la que no estoy donde quiero estar?* Es normal que quieras mejorar tu experiencia, y por lo tanto es lógico que estés concentrado en la solución... pero existe una gran diferencia entre buscar seriamente una solución y justificar la necesidad de una solución enfatizando el problema.

Darte cuenta de que algo no es como deseas es un primer paso importante, pero una vez que lo has identificado, cuanto antes puedas dirigir tu atención hacia una solución, mejor, porque seguir dándole vueltas al asunto impedirá que encuentres la solución. El problema tiene una frecuencia vibratoria diferente a la solución.

A medida que vas siendo consciente del valor del *Proceso de Pivotar* y que te vas acostumbrando a identificar lo que no deseas, e inmediatamente diriges tu atención hacia lo que deseas, te das cuenta de que estás rodeado de cosas maravillosas, pues en tu mundo hay más cosas que funcionan bien que cosas que funcionan mal. Asimismo, utilizar diariamente el *Libro de los Aspectos Positivos* te ayudará a ser más positivo. Te ayudará a inclinar gradualmente la balanza de tus pensamientos hacia la dirección de lo que *deseas*.

Cuanto más diriges tu atención con la intención de encontrar pensamientos que te hagan sentirte cada vez mejor, más cuenta te darás de que existe una gran diferencia entre pensar en lo que deseas y pensar en la ausencia de lo que deseas. Siempre que te sientes incómodo cuando piensas o hablas de mejorar algo que deseas —como una situación económica más favorable, una relación mejor o una condición física más saludable—, estás bloqueando la mejoría.

El Proceso de Pivotar y el *Proceso del Libro de los Aspectos Positivos* son para ayudarte a reconocer —en las primeras y sutiles fases de la creación— que estás tirando de los extremos negativos de ese carrete de cuerda, y que debes soltarlos enseguida y buscar el cabo del pensamiento positivo.

Es mucho más fácil ir gradualmente de un pensamiento sobre algo que te haga sentirte un poco mejor, a otro un poco mejor, y a otro un poco mejor... que ir directamente a un pensamiento maravilloso, porque todos los pensamientos (o vibraciones) están bajo la influencia de (o controlados por) la Ley de la Atracción.

Empiezo el día con pensamientos agradables

Cuando te concentras en algo que en realidad no deseas, te es mucho más fácil seguir concentrado en ese tema no deseado (incluso encontrar otras pruebas que apoyen a ese pensamiento) que pasar a una perspectiva más positiva, porque *atraes pensamientos que son afines entre ellos*. De modo que si intentas dar un gran salto desde un estado no deseado y verdaderamente negativo a uno positivo y maravilloso muy deseado, no podrás hacerlo, puesto que existe una disparidad vibratoria demasiado grande entre los dos estados o pensamientos. La determinación de decantarse suave y sistemáticamente en la dirección de las cosas deseadas es la mejor forma de mejorar tu vibración personal.

Cuando te levantas por la mañana, tras unas horas de sueño (y por consiguiente de desapego vibratorio de las cosas no deseadas), estás en un estado vibratorio más positivo. Si empezaras el día, incluso antes de levantarte de la cama, revisando toda la gama de aspectos positivos de tu vida, empezarías con mejor pie, y los pensamientos que te proporcionará la *Ley de la Atracción* serán mucho mejores y beneficiosos.

Dicho de otro modo, cada mañana tienes la oportunidad de establecer otra base vibratoria (una especie de valor de referencia) que regulará el tono general de tus pensamientos para el resto del día. Y aunque es posible que algunos acontecimientos de la jornada puedan desviarte del punto de partida, con el tiempo verás que has conseguido el control completo de tus pensamientos, de tu vibración, de tu punto de atracción: ¡es decir, de tu vida!

El tiempo de dormir es el momento de sintonizar las energías

Cuando duermes —o durante el tiempo que no estás centrado conscientemente en un objetivo a través de tu cuerpo físico—, se detiene la atracción hacia este cuerpo físico. El sueño es el momento en que tu *Ser Interior* puede sintonizar tus Energías, recargar y relajar el cuerpo físico. Si cuando te vas a la cama dices: *Esta noche descansaré bien; sé que cualquier atracción hacia este cuerpo se detiene, y que cuando me levante por la mañana, literalmente volveré a emerger a mi experiencia física:* recibirás los mayores beneficios de tu tiempo de sueño.

Despertar por la mañana no es tan distinto a nacer. No es tan diferente del día que entraste en este cuerpo físico. Cuando te despiertes, abre los ojos y di: *Hoy voy a buscar razones para sentirme bien. Nada es más importante que sentirme bien. Nada es más importante que elegir pensamientos que atraigan otros pensamientos que eleven mi frecuencia vibratoria al lugar donde pueda resonar con los aspectos positivos del Universo.*

Tu vibración se encuentra justo donde la dejaste. Así que si te vas a la cama preocupado por algo, cuando te despiertes retomarás tus pensamientos o vibración donde los dejaste la noche pasada, y tus nuevos pensamientos partirán desde ese punto negativo. Entonces, la *Ley de la Atracción* seguirá sirviéndote otros pensamientos similares. Pero si haces un esfuerzo antes de irte a dormir para identificar algunos aspectos positivos de tu vida, y luego liberas deliberadamente tus pensamientos recordando que mientras duermes vas a desapegarte y a recargarte, y si, cuando despiertes y abras los ojos, dices: *Hoy, voy a buscar las razones para sentirme bien…* entonces empezarás a recuperar el control de tus pensamientos y de tu vida.

En lugar de preocuparte por los problemas del mundo, o de pensar en lo que tienes que hacer hoy, estírate en la cama y busca los aspectos positivos del momento: *¡Qué maravillosa es esta cama! ¡Qué agradables son las sábanas! ¡Qué bien se siente mi cuerpo! ¡Qué cómoda es esta almohada! ¡Qué refrescante es el aire que respiro! ¡Qué fantástico es estar vivo!…* Habrás empezado a tirar de esa cuerda positiva, la de los sentimientos agradables.

La *Ley de la Atracción* es como una lupa gigante que amplía todo lo que tiene delante. Así, cuando te despiertes y busques alguna razón (algo muy inmediato a ti) para sentirte bien, la *Ley de la Atracción* te ofrecerá otro pensamiento afín, y luego otro, y otro; eso es lo que llamamos levantarse de la cama con buen pie.

Con un poco de esfuerzo, y el deseo de sentirte bien, puedes dirigir tus pensamientos hacia escenarios cada vez más placenteros hasta que cambies tus patrones de pensamiento y tu punto de atracción; entonces, la prueba de la mejoría de tus pensamientos empezará a manifestarse enseguida.

Un ejemplo del *Proceso de los Aspectos Positivos de la Hora de Dormir*

Tu tendencia a actuar en la vida te hace creer que es necesario trabajar mucho para que sucedan las cosas, pero cuando aprendes a dirigir deliberadamente tus pensamientos, descubres que el pensamiento tiene un poder tremendo. A medida que te concentras más sistemáticamente sólo en la dirección de lo que deseas, en lugar de diluir el poder de tu pensamiento pensando primero en lo que *deseas* y luego en lo que *no deseas*, irás entendiendo lo que te estamos diciendo desde tu experiencia personal. Debido a tu tendencia a la acción, con frecuencia te esfuerzas y trabajas demasiado. Y el resultado es que prestas más atención a lo que está mal (o más atención a lo que se ha de arreglar) que a lo que deseas.

Una buena forma de aplicar el *Proceso de los Aspectos Positivos* a la hora de acostarse es ésta: cuando ya estés en la cama, intenta recordar algunas de las cosas más agradables que te hayan pasado durante el día. Puesto que sin duda habrán pasado muchas cosas, puede que tengas que reflexionar un poco, y que también recuerdes algunas cosas no tan agradables, pero cíñete a lo bueno, y cuando lo hayas encontrado, reflexiona.

Prepara tus zapatillas positivas diciendo: *Lo que me gustó de esto fue... Mi parte favorita de aquello otro fue...* Sigue cualquier hilo positivo que encuentres, pensando en las mejores partes del día; y entonces, cuando sientas el efecto de tus pensamientos positivos, dirige tu intención principal al presente: *conseguir una buena noche de sueño y despertar recargado por la mañana.*

Dite: *Ahora voy a dormir, y mientras duermo, gracias a que mis pensamientos estarán inactivos, la atracción se detendrá y mi cuerpo estará totalmente renovado en todos los niveles.* Vuelve tu atención a las cosas inmediatas que te rodean, como la comodidad de tu cama, la suavidad de tu almohada, el Bienestar de ese momento. Y luego paulatinamente plantéate la intención: *Dormiré bien y despertaré renovado con un punto de atracción nuevo, positivo y cargado de sentimientos agradables.* Luego, duerme.

* * *

Un ejemplo del *Proceso de los Aspectos Positivos de la Hora de Levantarse*

Cuando te despiertes a la mañana siguiente, te encontrarás en ese lugar positivo de sentimientos agradables, y tus primeros pensamientos serán algo así como: *Ah, ya me he despertado. He vuelto al cuerpo físico…* Permanece estirado un rato y deléitate en la comodidad de tu cama, luego ofrece un pensamiento como: *Hoy, vaya a donde vaya, haga lo que haga, esté con quien esté, mi primera intención será buscar cosas que me hagan sentirme bien. Cuando me siento bien, estoy vibrando con mi poder superior. Cuando me siento bien, estoy en armonía con aquello que considero bueno. Cuando me siento bien, estoy en el modo de atraer aquello que me complacerá cuando llegue. Y cuando me siento bien, ¡me siento bien!* (Sentirse bien es estupendo, incluso aunque lo único que te aportara fuera estar bien en el momento; pero lo cierto es que te lleva mucho más allá.)

Es bueno quedarse en la cama durante un par de minutos o tres (con eso basta) y buscar los aspectos positivos de lo que nos rodea. Entonces, a lo largo del día empezaríamos a reconocer los aspectos más positivos, a buscar razones para sentirnos bien independientemente de cuál fuera el objeto de nuestra atención.

En cuanto notaras cualquier emoción negativa —que es muy probable que se produzca aunque hayas empezado el día buscando razones para sentirte bien, porque sobre algunos temas ya se había iniciado un impulso negativo—, ante el primer indicio de decantarte hacia cualquier emoción negativa, detente y di: *Quiero sentirme bien. Siento una emoción negativa, que significa que estoy preocupado por algo que no deseo. ¿Qué es lo que <u>deseo</u>?* Y cambia inmediatamente tu atención hacia lo que deseas, permanece concentrado en el nuevo pensamiento, o en el pensamiento positivo, durante el tiempo suficiente para volver a sentir que la Energía positiva fluye por tu cuerpo.

A medida que avance el día busca más razones para reír y divertirte. Cuando quieras sentirte bien, no te tomes las cosas demasiado en serio; y cuando no te las tomas demasiado en serio, es muy probable que no eches en falta lo que deseas; y cuando no te preocupas por la ausencia de lo que deseas, te sientes mejor; y cuando te sientes mejor, atraes más de lo que deseas… y tu vida mejora constantemente.

Y entonces, por la noche, cuando te eches en la cama, tendrás muchas cosas maravillosas sobre las que reflexionar antes de sumergirte en tu sueño reparador y refrescante, y a la mañana siguiente te despertarás todavía mejor.

Sé cómo quiero sentirme

A veces, cuando estás atravesando una situación desagradable, te esfuerzas por buscar *algún* aspecto positivo. Algunas cosas son intolerables; otras son tan grandes y malas que parece imposible hallar ni el menor aspecto positivo, pero es porque estás intentando dar un salto demasiado grande desde eso tan negativo en lo que estás inmerso hasta la solución que deseas. En otras palabras, si quieres buscar una solución inmediata a través de la acción, pero te encuentras ante una situación donde no parece apropiado hacer nada, recuerda siempre que aunque puede que no haya ningún aspecto positivo para tu acción en este momento —mientras no puedas decidir qué *has* de hacer para sentirte mejor—, *siempre sabes cómo te quieres sentir.*

Es como decir: «Acabo de saltar de un avión sin paracaídas. ¿Qué hago ahora?» Hay situaciones que, dadas tus circunstancias actuales, no hay acción o pensamiento que, en este punto, pueda producir un cambio lo suficientemente importante en el resultado que se te avecina. Y del mismo modo que a veces no puedes encontrar ninguna *acción* que arregle las cosas, tampoco hay *pensamiento* que pueda cambiarlas de inmediato.

Si entiendes el poder de tu pensamiento, la increíble fuerza que te proporcionan los sentimientos positivos, y empiezas a elegirlos deliberadamente utilizando la guía que te ofrecen tus emociones o sentimientos, tu vida se transformará fácilmente al centrarte en tus sentimientos mejorados y te aportará experiencias en su mayor parte agradables. *Si puedes encontrar aunque sea el más pequeño sentimiento de consuelo con un pensamiento deliberadamente escogido, habrá comenzado tu suave camino hacia la solución.*

Puede que en ciertas situaciones no sea tan evidente lo que has de hacer, y que a veces no seas capaz de identificar qué es lo que quieres tener, pero siempre puedes identificar, en cierta medida, qué es lo que quieres sentir. En otras palabras, sabes que preferirías sentirte *feliz* en lugar de *triste, renovado* en lugar de *cansado, revitalizado* en lugar de *debilitado, productivo* en vez de *improductivo, libre* en vez de *recluido, en crecimiento* en lugar de estar *estancado...*

No hay ninguna acción que pueda compensar un pensamiento desintonizado, pero cuando empiezas a controlar tus emociones —mediante la elección deliberada de tus pensamientos—, descubres el verdadero poder del pensamiento. *Si controlas más deliberadamente tus pensamientos, tendrás mayor control sobre las experiencias de tu vida.*

No hay nada más importante que sentirse bien

Ser más consciente respecto a lo que piensas no es difícil. Muchas veces eres muy meticuloso con lo que comes, el coche que conduces, la ropa que llevas, y ser un pensador deliberado no requiere mucho más. Pero aprender a dirigir tus pensamientos deliberadamente hacia un aspecto de una situación que te haga sentirte mejor tendrá mucha más repercusión en mejorar tu vida que elegir la comida, el vehículo o la ropa.

Cuando lees estas palabras y sientes tu eco personal con su significado y su poder, nunca más volverás a sentir una emoción negativa sin ser consciente de que estás recibiendo una importante directriz para ayudarte a guiar tus pensamientos de una forma más productiva y beneficiosa. En otras palabras, nunca más volverás a tener una emoción negativa sin entender que estás en el proceso de atraer algo *no deseado*. Algo importante sucede cuando eres consciente de tus emociones y de la guía que te están ofreciendo, porque incluso en tu ignorancia de lo que puede significar una emoción negativa, todavía sigues atrayendo negativamente. Así que entender tus emociones te da el control sobre tu experiencia de la vida.

Cuando no te sientes demasiado bien, detente y di: *Nada es más importante que sentirme bien, quiero encontrar una razón para sentirme bien*; entonces encontrarás un pensamiento mejor, que te conducirá a otro y luego a otro. A medida que desarrollas la costumbre de tener pensamientos agradables, las circunstancias que te rodean mejoran. La *Ley de la Atracción* así lo exige. Cuando te sientes bien, tienes la experiencia de que se te abren las puertas pues el Universo está cooperando contigo; y cuando te sientes mal, es como si se cerraran y cesara la cooperación.

Cada vez que sientes una emoción negativa, estás en el modo de resistirte a algo que deseas, y esa resistencia luego pasa factura en tu cuerpo físico, y en la cantidad de cosas maravillosas que permites que lleguen a tu experiencia.

A través de tu proceso de la vida que llevas y de las cosas que observas, queridas y no queridas, has creado una especie de *Depósito Vibracional*, que, en cierto sentido, guardan para ti aquellas cosas que buscabas y que habías identificado, hasta que llegues a tal *Igualación Vibracional* con ellas que te permita recibirlas de una forma completamente manifiesta. Pero hasta que encuentres una forma de encontrarte a gusto con ellas incluso aunque no se hayan manifestado todavía en tu experiencia, te podrá parecer que están al lado exterior de una puerta que no puedes abrir. Sin embargo, en cuanto comiences a buscar más aspectos positivos respecto a las cosas que ocupan tus pensamientos, y en cuanto escojas deliberadamente el final más positivo del conjunto de posibilidades relacionadas con los temas que dominan tus procesos mentales, la puerta se abrirá, y cualquier cosa que desees fluirá fácilmente en tu experiencia.

Todo va de mejor en mejor

Cuando hablas deliberadamente de los aspectos positivos de aquello a lo que estás prestando atención, en cierto modo también estás sintonizando tu sintonizador vibratorio hacia los aspectos más positivos de todas las cosas. Por supuesto, también puede suceder lo mismo a la inversa. Muchas personas luchan con una actitud de autocrítica a raíz de la comparación negativa que han recibido por parte de sus padres, maestros o compañeros, y no hay nada peor para tu capacidad de atraer positivamente que una actitud negativa hacia ti mismo.

Así que, a veces, eligiendo un tema sobre el que no has practicado muchos pensamientos negativos, puedes sintonizar con una frecuencia más positiva, y desde esa nueva frecuencia, al redirigir tus pensamientos hacia ti, encontrarás más aspectos positivos que de costumbre. *Una vez que encuentras aspectos más positivos del mundo que te rodea, también empiezas a encontrar aspectos más positivos sobre ti. Y cuando eso sucede, es más fácil encontrar aspectos más positivos sobre el mundo.*

Cuando ves cosas en ti que no te gustan, ves más cosas que no te gustan en los demás. Entonces dices: «Todo va de mal en peor». Pero cuando buscas deliberadamente aspectos positivos en ti o en los demás, también encontrarás más de lo mismo: «Todo va de mejor en mejor».

Nunca dejaremos de enfatizar el valor de buscar los aspectos positivos y de concentrarte en las cosas que más deseas, porque todo lo que llega a ti depende de esta premisa tan sencilla: *Siempre obtienes más de lo que estás pensando, tanto si lo deseas como si no.*

Mi Universo está equilibrado positiva y negativamente

Eres el creador de tu propia experiencia. También podrías decir que *eres el que atrae tu experiencia.* Crear no es identificar algo que deseas y luego ir tras ello hasta conseguirlo. Crear es fijar la mirada en el objeto deseado; sintonizar tus pensamientos de manera más precisa con los aspectos de la situación o del objeto que te gustaría experimentar, y por consiguiente, permitir que la *Ley de la Atracción* te lo traiga.

Tanto si estás *recordando* algo del pasado, *imaginando* algo del futuro como *observando* algo del presente, estás ofreciendo vibraciones-pensamientos a los que la *Ley de la Atracción* está respondiendo. Puedes referirte a tus pensamientos como deseos o creencias (una creencia es un pensamiento repetitivo), pero sea lo que sea a lo que le estás prestando atención, estará estableciendo tu punto de atracción.

Puesto que toda situación u objeto tiene dos aspectos —lo que se *desea* y la *ausencia de lo que se desea*—, es posible creer que tienes la mirada fijada positivamente cuando en realidad es justo lo contrario. La gente puede decir: «Quiero más dinero», pero en realidad está pensando en que no tiene todo el dinero que necesita. La mayor parte de las personas hablan de su deseo de estar sanas cuando están enfermas. Es decir, su atención en lo que *no* desean está incitando sus observaciones respecto a lo que desean, pero en la mayoría de los casos, aunque puedan estar diciendo las palabras aparentemente adecuadas para conseguir lo que desean, en realidad no es así.

Solamente reconociendo conscientemente cómo te sientes mientras hablas puedes saber si estás atrayendo positiva o negativamente. Y aunque no puedas ver las pruebas inmediatas de lo que estás en proceso de atraer, todos tus pensamientos están atrayendo pensamientos, vibraciones y Energías afines; y al final se manifestará el objeto de tu atracción.

Mi Universo responde a aquello a lo que presto atención...

En general, las personas creen o quieren creer que en el Universo todo responde a sus palabras de la misma manera que muchas veces se sienten obligados a actuar las personas que están a su alrededor. Cuando le dices a alguien: «Sí, ven», esperas que esa persona venga. Cuando le dices: «No, aléjate de mí», esperas que se vaya. Pero vives en un Universo que se basa en la atracción (un Universo basado en la inclusión), lo que sencillamente significa que no existe el *no*.

Cuando le prestas tu atención a algo *deseado* y dices: «Sí, ven a mí», lo incluyes en tu vibración, y la *Ley de la Atracción* empieza el proceso de aportártelo. Pero cuando ves algo *indeseado* y dices: «No, no lo quiero, ¡fuera!», el Universo también te lo trae. *Tu atención hacia un objeto, y por consiguiente tu correspondiente sintonización vibratoria con él, es lo que provoca la respuesta, no tus palabras.*

Y así cuando dices: «Salud perfecta, te busco... te deseo, disfruto con la idea de la salud perfecta», estás atrayendo la salud. Pero cuando dices: «Enfermedad, no te quiero», estás atrayendo la enfermedad. Cuando dices: *«No, no, no»*, se va acercando cada vez más, porque cuanto más luchas contra algo que no deseas, más te adentras en ello.

Las personas muchas veces creen que cuando encuentren a su pareja perfecta, consigan su peso ideal o acumulen suficiente dinero, *de una vez por todas*, también encontrarán la felicidad que están buscando... pero no existe en ninguna parte un rinconcito donde sólo haya aspectos positivos. El equilibrio perfecto del Universo dice que lo positivo y lo negativo (lo deseado y lo no deseado) existe en todas las partículas del Universo. Cuando tú, como creador, el que elige, el que define, el que decide, busca los aspectos positivos, eso se convierte en tu experiencia, en *todos* los aspectos de tu vida. No tienes que esperar que llegue esa cosa perfecta para que puedas tener una respuesta positiva. Por el contrario, lo que haces es entrenar positivamente tus pensamientos y vibraciones, para luego convertirte en *el que atrae* o en el *creador*.

Te animamos a que empieces cada día con la frase: *Hoy, vaya a donde vaya, haga lo que haga, esté con quién esté, mi principal intención es buscar lo que quiero ver.*

Recuerda que cada vez que te despiertas por la mañana, naces de nuevo. Mientras duermes, toda atracción se detiene. Ese secuestro durante las horas de sueño —donde tu Conciencia no atrae nada— te proporciona un renovado comienzo. Así que, a menos que despiertes por la mañana y empieces a recordar lo que te preocupó el día anterior, no te molestará durante el nuevo día, en tu nuevo nacimiento, en tu nuevo comienzo.

* * *

Las decisiones de querer sentirte bien atraen buenos sentimientos

Una mujer nos dijo: «Hace poco me he enterado de que voy a tener que ir a tres o cuatro fiestas navideñas, y nada más saberlo empecé a pensar: *"Vaya, Mary va a estar allí y seguro que estará maravillosa"*. Enseguida empecé a compararme con otras personas. Me gustaría dejar de hacer eso, sentirme bien conmigo misma y disfrutar de las fiestas, vaya quien vaya. ¿Podríais ayudarme a aplicar los procesos de *Pivotar* y de los *Aspectos Positivos* respecto a mí misma? En realidad ni siquiera me apetece ir a esas fiestas».

Nosotros le explicamos: aunque tu sentido del ridículo aumente cuando piensas en asistir a esas fiestas, ni la fiesta ni

Mary son la razón de tu malestar. A veces parece complicado arreglar tus relaciones con otras personas, incluso buscando el inicio de estos sentimientos en tu infancia, pero eso no sirve de nada. Tienes la capacidad de buscar aspectos positivos o negativos desde el lugar donde te encuentras ahora —para pensar lo deseado y lo no deseado—, y tanto si empiezas el proceso ahora mismo como varios días antes de asistir a tu primera fiesta o el mismo día, el trabajo es el mismo: *busca las cosas que te hacen sentirte bien cuando te concentras en ellas.*

Puesto que tienes más control sobre lo que se activa en tu mente, generalmente es mucho más fácil encontrar el aspecto positivo de una situación antes de estar en medio de ella. Si te imaginas la situación como quieres que sea y practicas tu respuesta positiva, cuando estés en la fiesta te darás cuenta del control que has activado días antes.

No puedes sentirte bien y mal al mismo tiempo. No puedes concentrarte en lo deseado y lo no deseado a la vez. Si has entrenado a tus pensamientos para lo que consideras que está bien, o para lo que querías antes de llegar a la fiesta, la Ley de la Atracción te aportará las cosas positivas y deseadas. Es así de sencillo.

Si quieres sentirte distinta en las próximas fiestas de cómo te has sentido en las anteriores, has de empezar a contarte otra historia. La historia que te has estado contando se debe parecer a esto: «Sólo me invitan a esas fiestas por mi pareja. En realidad a nadie le importa si voy. No formo parte de ese entorno laboral, y no entiendo la mayoría de las cosas que a ellos les interesan. Soy una extraña. Mary no se siente como me siento yo. Su confianza en sí misma es evidente por la forma en que se viste y se comporta. Siempre me siento menos atractiva, menos inteligente, menos de todo cuando ella está cerca. No soporto sentirme así. Desearía no tener que ir».

Éste es un ejemplo de una historia para intentar sentirse mejor: «Mi pareja es muy respetada en su empresa. Está muy bien que su empresa proporcione de vez en cuando una oportunidad para que sus empleados hagan partícipes a sus esposas y puedan conocerse entre ellas. Nadie espera que yo esté al día del funcionamiento interno de su entorno laboral. De hecho, esa fiesta probablemente será una oportunidad para disfrutar de hablar de otras cosas que no sea de su trabajo.

»La vida es mucho más que lo que pasa en la empresa de mi marido. Y puesto que nunca estoy allí, es muy probable que suponga un chorro de aire fresco para muchos de ellos, puesto que no estoy obsesionada con las cosas que les preocupan. Mary parece alegre y amable. Tampoco está involucrada en la política de la empresa ni en sus problemas. Es divertido observarla. Es una persona interesante. Me pregunto dónde comprará su ropa, lleva prendas muy bonitas».

Como ves, no es necesario que resuelvas todas tus inseguridades ni que utilices esa fiesta de empresa para hacerlo. Simplemente, busca un objetivo positivo y siente el beneficio de haberlo hecho, y con el tiempo, Mary no será ningún problema, o quizás incluso sea tu amiga. Pero en cualquier caso, la decisión es tuya, y tu práctica vibratoria puede hacer que así sea.

¿Cómo puedo evitar sentir el sufrimiento de otros?

Nuestro amigo Jerry nos preguntó: «Me parece que gran parte del malestar que siento es porque veo sufrir a otras personas. ¿Cómo puedo usar mi *Proceso de Pivotar* para no sentir el sufrimiento de esas personas?»

Nosotros le explicamos: sea cual sea el objeto de tu atención, contendrá cosas que quieres ver y otras que no quieres ver. El dolor que sientes no es por las personas que estás viendo sufrir. Tu dolor es porque has elegido ver un aspecto que te causa sufrimiento. Esa es la gran diferencia.

Por supuesto, si esa persona no sintiera dolor y estuviera feliz, no te costaría tanto estar bien, pero no puedes confiar en las condiciones cambiantes para controlar tus emociones. Has de mejorar tu capacidad para buscar lo positivo independientemente de cuál sea tu condición, y para ello, es útil recordar que toda situación u objeto encierra lo deseado y lo *no deseado,* y que deliberadamente *puedes* encontrar algo que te haga sentirte mejor.

Por supuesto, es mucho más fácil observar algo positivo que cambiar deliberadamente las cosas que prefieres ver. Sin embargo, cuando de verdad te importa sentirte bien, no te conformas con observar perezosamente o con dejadez, pues tu deseo de sentirte bien te inspira una mayor voluntad para buscar los aspectos positivos. Por otra parte, cuanto más contemplas las cosas que te hacen sentirte bien, más cosas afines te traerá la *Ley de la Atracción,* hasta que llegará un momento en que tendrás una orientación tan positiva que ni te darás cuenta de las cosas que no coinciden con ella.

Una madre nos dijo una vez respondiendo a nuestro consejo de que no se preocupara de los problemas de su hijo: «Pero ¿no sentirá que le he abandonado? ¿No tengo que estar respaldándole?»

Le explicamos que no hay «abandono» en fijarse en los aspectos positivos de la vida de su hijo, y que abandonar cualquier pensamiento negativo tiene mucho valor. Le dijimos: «Nunca ayudas a nadie siendo su paño de lágrimas para sus problemas o quejas. Al tener una imagen más positiva sobre la vida de tu hijo, le ayudas a mejorarla. Mantente *en ese lugar* agradable por él. Y llámale para que acuda *allí*».

* * *

Cuando tu intención deliberada es sentirte bien y realmente te importa tu estado de ánimo, encuentras más pensamientos y razones para sentirte bien. Entonces estás mejor preparado para relacionarte con los demás, sea cual sea su estado de ánimo. Puesto que deseas sentirte bien, habrás preparado previamente tu experiencia con las personas con las que te vas a relacionar, y te resultará mucho más fácil centrarte en los aspectos positivos de su situación por complicada que ésta sea. Pero si no te has ocupado de tu propia vibración y no has tenido sistemáticamente pensamientos y vibraciones agradables, puede que te involucres tanto en sus problemas que acabes deprimiéndote.

Queremos hacer hincapié en que no estás sintiendo su sufrimiento debido a su situación, sino que *lo que estás sintiendo es tu propio dolor provocado por tus pensamientos.* Ese conocimiento te proporciona mucho control, y de hecho, la verdadera libertad. *Cuando descubres que puedes controlar cómo te sientes porque puedes controlar tus pensamientos, eres libre para ser feliz en cualquier parte del planeta; pero cuando crees que tu estado de ánimo depende de la conducta o de la situación de los demás —y también entiendes que no tienes control sobre esas situaciones o conductas—, no te sientes libre.* En realidad, ese era el «dolor» que estabas describiendo.

¿No sirve de nada mi solidaridad con los demás?

Jerry nos dijo: «Entonces, cuando aparte mi atención de los que sufren, me *sentiré* bien. Pero aun así, eso no les ayudará a sentirse mejor. Es decir, no he resuelto el problema. Simplemente lo estoy evitando».

Nosotros le respondimos: si no te concentras en su problema, puedes seguir sintiéndote bien, pero ellos seguirán teniendo el problema. En un principio, eso es cierto. Pero si te concentras en su problema, te sientes mal, y ellos siguen sintiéndose mal y teniendo el problema. Y si continúas centrándote en su problema, con el tiempo tú también lo tendrás. Sin embargo, si no te centras en su problema, pero intentas imaginarte su solución o un resultado positivo, te sientes bien, y entonces puedes influir en ellos con pensamientos y resultados más positivos.

Simple y llanamente: nunca puedes ayudar a nadie (ni ofrecer una solución) cuando tienes una emoción negativa, porque la presencia de la emoción negativa en tu interior significa que te estás enfocando en la ausencia de lo que deseas, en lugar de hacerlo en aquello que deseas.

De modo que si alguien tiene una experiencia negativa y se acerca a ti envuelto en una densa burbuja de negatividad, si todavía no has conseguido sintonizar deliberadamente con emociones agradables, puede que también seas engullido por esa negatividad, pases a formar parte de la cadena de sufrimiento y que transmitas tu malestar a otros, que a su vez se lo pasarán a otros, y así sucesivamente.

Pero si has marcado deliberadamente el tono de tu día poniendo tu cabeza en la almohada cada noche y diciendo: *Esta noche, mientras duermo, se detendrá toda atracción, lo que significa que mañana tendré un nuevo comienzo; y que buscaré lo que quiero ver porque quiero sentirme bien, ¡porque sentirme bien es lo más importante!* Al despertarte por la mañana estarás en un nuevo camino sin la negatividad del día anterior. Y si al entrar en una habitación ves a alguien que sufre y se acerca a ti, cuando llegue esa persona con su carga negativa, no te dejas arrastrar por ella, sino que le proporcionas un buen ejemplo de felicidad, pues lo que sientes es lo que irradias.

Ahora bien, no es probable que sólo porque tú seas feliz los demás se unan inmediatamente a esa felicidad. De hecho, cuando existe una gran disparidad entre tus emociones y las de los demás, te cuesta bastante relacionarte con ellos; pero con el tiempo, si mantienes tu postura vibratoria positiva, o bien se unirán a ti en tu posición positiva, o bien se pondrán a vibrar gracias a tu experiencia. La única forma en que las personas infelices pueden permanecer en tu experiencia es prestándoles sistemáticamente tu atención.

Si caminaras con otras dos personas por el saliente de una montaña y no miraras por donde pisas, tropezaras y te cayeras quedándote colgado de una débil rama, y uno de tus amigos fuera fuerte y tuviera buen equilibrio y el otro fuera torpe y le faltara concentración, ¿cuál preferirías que estuviera allí para ayudarte? Buscar los aspectos positivos es la forma en que encuentras seguridad. Es *quién-eres* desde una Perspectiva Interna. Y a medida que sintonizas sistemáticamente con pensamientos mejores, los poderosos recursos del Universo se irán poniendo a tu alcance.

Simpatizar con los demás significa ponerse en su situación hasta que te sientes exactamente como ellos, y puesto que todo el mundo tiene el potencial de sentirse de maravilla o fatal —de tener éxito con sus deseos o fracasar con ellos—, puedes elegir con qué aspectos te solidarizas. Te animamos a que lo hagas con los mejores aspectos de los demás; y con ello, también podrás influir en que mejoren su situación.

¿Cómo puedo no sufrir cuando hiero a otra persona?

Un hombre preguntó una vez: «¿Cómo pones fin a una relación sin que te duela que la otra persona se sienta herida? Cuando decides que ha llegado el momento de seguir adelante y la otra persona no está dispuesta a hacerlo, se siente muy herida, ¿cómo se puede conservar el equilibrio en una situación semejante?»

Nosotros respondimos: cuando intentas comportarte prestando atención a cómo se siente la otra persona respecto a tu conducta, pierdes tu poder, porque no puedes controlar su perspectiva, y por consiguiente no puedes mejorar consistentemente tu propia vibración, punto de atracción o tus emociones.

Si has tomado la decisión de dejar una relación antes de haber realizado el trabajo vibratorio de concentrarte en *lo que* deseas y *por qué* lo deseas, cualquier cosa que hagas sólo te traerá más malestar del que has estado experimentando. Pero, incluso cuando la relación haya terminado y estés solo, o iniciando una nueva relación con otra persona, el resquicio de esas viejas vibraciones negativas no te permitirá un desarrollo agradable. Dicho simple y llanamente, es mucho mejor encontrar tu equilibrio vibratorio antes de emprender la acción de la separación, o puede que te sientas mal durante mucho tiempo.

Examinemos los componentes de esta situación y procuremos aportar algo de luz a tus opciones: has llegado a la conclusión de que, a raíz de ser desgraciado/a en tu relación actual, es mejor poner fin a ella. Es decir, crees que tus oportunidades para ser feliz son mayores fuera de esa relación que dentro de ella. Pero cuando se lo dices a tu pareja, ésta es todavía más desgraciada. Y ahora, puesto que tu pareja es desgraciada, tú eres todavía más desgraciado/a.

Una opción es seguir y decir: «No importa. No quiero que seas desgraciada/o. He cambiado de opinión y seguiré como hasta ahora». Pero lo único que habrá sucedido es que ambos erais desgraciados; tomaste la decisión de marcharte, lo cual hizo más desgraciada a tu pareja, ahora te has vuelto atrás en tu decisión, tu pareja no se siente tan desdichada como antes, pero seguís sin ser felices. Así que no ha cambiado nada salvo que las cosas fueron algo más intensas durante un tiempo, pero básicamente sigues insatisfecho/a y desgraciado/a en esta relación.

Otra opción es que te marches. Puedes pensar en todas las cosas que te han disgustado en la relación y utilizarlas como justificación para irte. Y aunque el enfoque negativo en las cosas negativas te dará las fuerzas para dejarlo todo, no te sentirás mucho mejor. Aunque cuando salgas de la relación y ya no sientas con tanta fuerza esa infelicidad, seguirás necesitando una justificación para tu marcha, lo que te mantendrá en un estado de incomodidad. Así que, aunque te hayas alejado de las cosas que te estaban preocupando, continuarás estando preocupado/a.

En realidad, no puedes hacer nada para evitar que los demás se sientan mal, porque no se sienten mal por *tu* conducta. No hay mayor trampa en las relaciones o en la vida que intentar hacer felices a los demás observando *sus* emociones y luego procurando compensarlas con tus acciones.

La única forma en que puedes ser feliz es decidir ser feliz. Cuando te estás responsabilizando de la felicidad de otro, estás intentando lo imposible, y te estás colocando en una situación que te provocará una gran discordia personal.

Ahora veamos las opciones de *Pivotar* y de los *Aspectos Positivos*: quédate donde estás por el momento, no hagas grandes cambios en tus acciones o en tu conducta. Es decir, si estás viviendo en pareja, sigue haciéndolo. Si pasáis tiempo juntos, seguid igual. Esta opción es cambiar tu proceso de *pensamiento*, no tu proceso de *acción*. Estos procesos están diseñados para ayudarte a cambiar tu enfoque y a que empieces a contar la historia de tu relación, o de tu vida, de una forma más positiva y poderosa.

Por ejemplo: *He pensado en dejar esta relación porque me doy cuenta de que no soy feliz. Pero cuando pienso en dejarla, me doy cuenta de que cuando me vaya, me iré conmigo, y si me voy porque soy desgraciado, también me llevaré a esa persona desgraciada. La razón por la que me quiero marchar es porque quiero sentirme bien. Me pregunto si sería posible sentirme bien sin marcharme. Me pregunto si puedo centrarme en algún aspecto positivo de nuestra relación.*

Recuerdo el día en que conocí a mi pareja y cómo me sentí. Recuerdo haberme sentido atraído por ella y con ganas de conocerla más para ver qué podíamos descubrir juntos. Me gustaba el sentimiento del descubrimiento. Me gustaba nuestra relación cuando comenzó. Creo que cuanto más tiempo pasábamos juntos, más cuenta nos dábamos de que no éramos muy afines. No creo que sea fallo de ninguno de los dos. No ser afines no significa que alguno de los dos esté equivocado. Sólo significa que posiblemente haya mejores parejas para nosotros en alguna otra parte.

Hay muchas cosas que me gustan de esta persona y que cualquiera podría apreciar: inteligente, con muchos intereses, le gusta reírse y divertirse…; me alegro de que nos hayamos conocido, y creo que el tiempo que hemos pasado juntos será muy valioso para ambos.

De modo que nuestra respuesta a esta pregunta tan importante es: no puedes controlar el sufrimiento de otra persona modificando *tu* conducta. Sin embargo, puedes controlar tu propio sufrimiento dirigiendo tus pensamientos hasta que desaparezca el dolor y sea reemplazado por otros sentimientos mejores. *Cuando te preocupas por lo que deseas, siempre te sientes bien. Cuando te preocupas por la ausencia de lo que deseas, siempre te sientes mal. Y si te preocupas por la ausencia de lo que desea otra persona, también te sientes mal.*

Estás tan orientado hacia la acción como Ser físico que realmente piensas que tienes que arreglarlo todo ahora mismo. Tu pareja no llegó a este lugar de repente. Ni siquiera llegó allí durante vuestra relación. Ha recorrido un largo camino. El impulso lo ha ido adquiriendo por el trayecto. Por lo tanto, no esperes que una conversación en estos momentos cambie mucho las cosas. Considérate como el que está plantando una semilla: una semilla muy fuerte, certera y poderosa. La has plantado perfectamente y la has nutrido durante un tiempo con tus palabras, así que mucho después de que te hayas ido, la semilla continuará creciendo para convertirse en lo que tenga que ser.

Hay muchas relaciones que no son apropiadas para que prosigas con ellas, pero nunca podemos abandonar una relación sintiéndonos heridos, culpables o a la defensiva. Haz el trabajo vibratorio, consigue sentirte bien, y luego olvídalo. Así lo que venga a continuación no será una repetición de lo que acabas de dejar.

No soy responsable de las creaciones de otros

No has de aceptar la responsabilidad de lo que hagan los demás con su experiencia de la vida. Visualízalos saliendo de su escasez con la certeza de que en el futuro les irá mejor, *así* tú también empezarás a sentirte mejor. Puede que hasta les sirvas de inspiración cuando duerman, para que tomen una dirección más favorable. Cuando pienses en ellos, imagínalos felices. No rebobines en tu mente las conversaciones tristes que habéis tenido o vuestra separación. Visualízalos siguiendo adelante con su vida como tú lo haces con la tuya. *Confía en que ellos tienen su Guía interior que les ayudará a encontrar su camino.*

La mayoría, en vuestro intento de querer ayudar a los demás, os equivocáis creyendo que *necesitan mi ayuda porque no se bastan por sí solos*, pero esa creencia es negativa para ellos porque en el fondo saben que sí *pueden* hacerlo y *quieren* hacerlo.

Empieza a decir cosas a tu pareja como: «Eres una persona fantástica. Y aunque en muchos niveles no hayamos conectado como me hubiera gustado, sé que hay alguien perfecto esperándote y te libero para que tengas esa maravillosa oportunidad. ¡Búscala! No quiero mantenerte encerrado(a) aquí, presa de una situación que ninguno de los dos deseamos. Quiero que los dos nos liberemos para que ambos encontremos lo que estamos buscando. No te digo adiós para siempre, sólo te digo: Que ambos podamos ver esta relación desde una nueva perspectiva que esté inspirada por un deseo positivo y apasionado, no por uno que nos obligue a permanecer donde estamos por miedo a las consecuencias».

Y luego dile a la otra persona: «Cuando piense en ti, siempre sabré que aunque ahora estés triste, luego serás feliz. Voy a elegir verte feliz, porque así es como más me gustas, y eso es también lo que tú prefieres».

Esto puede sonar un poco duro o frío. Pero el resto no tiene sentido.

¿Escuchar la guía o buscar sentimientos agradables?

Puedes pivotar bajo cualquier circunstancia. No importa lo negativa que parezca, tienes la capacidad de prestar atención a sus aspectos positivos. Lo único que se interpone son tus viejas costumbres, o quizás algunas influencias fuertes de los demás.

La mayoría de las personas sois metódicas por naturaleza, y vuestros patrones están tan arraigados que a veces la vía más rápida hacia la felicidad que buscáis es llevaros el proceso de pivotar a la cama, y despertaros a la mañana siguiente centradas en lo que deseáis. Si buscas buenos pensamientos antes de acostarte y luego experimentas el beneficio de la tranquilidad mental que se produce durante el sueño, y cuando te despiertas, vuelves inmediatamente a los buenos pensamientos, puedes conseguir la experiencia de *Pivotar* más elevada. Unos cuantos días siguiendo este patrón producirán un gran cambio en tus hábitos de pensamiento y en tu punto de atracción, y observarás una mejoría en prácticamente todos los aspectos de tu vida.

¿Y si jugara al *«Y si»*? ¿Un juego?

Cuando os animamos a que hagáis todo lo posible por ver los aspectos positivos de todas las cosas, hay quien suele preguntar: «Pero ¿qué pasa con el hombre que acaba de perder su trabajo, que tiene esposa y cinco hijos, ha de pagar el alquiler en dos días y no tiene con qué pagarlo? ¿O la mujer que tiene a la Gestapo en su puerta y que va a ser asesinada en una cámara de gas? ¿Cómo pueden pivotar esas personas?»

A esas preguntas extremas solemos responder: es como si hubieras saltado de un avión a 6.000 metros de altura y no tuvieras paracaídas, y te preguntaras: «¿Qué hago *ahora*?» Normalmente, no te enfrentas a esas circunstancias extremas de las cuales no parece haber una salida fácil. Sin embargo, estas situaciones extremas, a pesar de todos los dramas y traumas que provocarán, también confieren un poder que, con el enfoque correcto, puede proporcionar soluciones que para quien las contempla desde fuera podrían parecer increíbles, incluso milagrosas.

Es decir, no hay situación de la que no puedas sacar una resolución positiva, pero te has de concentrar con fuerza para encontrarla. Y la mayoría de las personas que se encuentran ante tales situaciones no suelen adoptar ese tipo de enfoque, que es la razón por la que se encuentran en esa situación negativa.

Cuando estás en situaciones extremas, surge una gran fuerza interior, y la intensidad de tu deseo te coloca en una plataforma desde la cual, si consigues concentrarte, puedes elevarte. Es decir, los enfermos están en mejor situación que los demás para estar incluso *mejor* que la mayoría de las personas, porque su *deseo* de bienestar se amplifica. Pero a menos que puedan pivotar (dirigir su atención a su deseo de bienestar y alejarlo de su preocupación por su enfermedad), no podrán mejorar.

Nosotros fomentamos jugar al *¿Y si?*, para buscar los aspectos positivos. Es decir, en vez de buscar ejemplos en tu sociedad de personas impotentes que no tienen control sobre sus circunstancias en la vida, contar una historia que te dé poder. En lugar de contar la historia de las víctimas desesperadas y ampliar de ese modo su sentimiento de ser una víctima, cuenta una historia diferente.

Por ejemplo: *¿Y si* esa mujer, antes de que la Gestapo llamara a su puerta, se hubiera percatado del Holocausto que se avecinaba unas semanas antes? *¿Y si* se hubiera marchado cuando lo hicieron muchos otros? *¿Y si* no hubiera tenido miedo a lo desconocido? *¿Y si* no se hubiera aferrado a lo conocido? *¿Y si* hubiera tomado la decisión de empezar una nueva vida en otro país con su hermana, su tía y su tío dos semanas antes y no hubiera estado en casa cuando fue a buscarla la Gestapo?

PARTE II

Cómo atraer dinero y manifestar abundancia[2]

2. (*Nota del editor:* en las secciones donde hay un diálogo entre Jerry y Abraham, el nombre del que habla se repite al inicio de cada sección para mayor claridad.)

Cuando juegues al *¿Y si?*, busca las cosas que *quieres* ver. Aquello que te haga sentirte mejor.

No existen situaciones sin salida. De hecho, hay cientos y miles de elecciones prácticas en el camino, pero la mayoría de las personas debido a sus costumbres eligen la perspectiva de la «escasez», hasta que al final se encuentran en un lugar no deseado del que no parece haber salida.

Si te ciñes a tu intención de buscar las pruebas del Bienestar, de la prosperidad, del éxito y de la felicidad, sintonizarás con las vibraciones de esas cosas, y ese tipo de experiencias agradables dominarán tu vida. *Hoy, adondequiera que vaya, haga lo que haga, mi primera intención es ver lo que quiero ver.*

Cuando tomes la decisión de no ser un mero observador de tu mundo, sino de contribuir de forma deliberada y positiva a él, encontrarás un gran placer en implicarte en lo que sucede en tu planeta. Cuando observas cosas que no deseas que están sucediendo en tu mundo, nación, vecindario, familia o en tu cuerpo, y recuerdas que tienes el poder de contar otra historia —y también sabes que contar una historia diferente encierra un inmenso poder—, regresas al abundante conocimiento que tenías en un principio cuando tomaste la decisión de venir a este planeta a participar en él.

No puedes estar en otro lugar distinto del que estás ahora, pero sí tienes el poder de empezar a expresar tu perspectiva respecto a tu situación actual de formas notablemente mejores. Y cuando lo haces de forma consciente y deliberada, ves la prueba del poder de tu enfoque en cada uno de los temas a los que prestas atención.

En el momento en que decides que quieres sentirte bien y buscar conscientemente los aspectos positivos de las situaciones a las que te enfrentas todos los días, y optas deliberadamente por identificar y centrarte en lo que quieres respecto a esas situaciones, te has colocado en el sendero del Eterno despliegue de la satisfacción y la felicidad.

Estos procesos son sencillos de entender y de aplicar, pero no por su simplicidad subestimes su poder. Aplícalos conscientemente y demuéstrate la fuerza que tiene sintonizar tu pensamiento. Descubre el poder de la Energía que crea los mundos —el poder al que siempre has tenido acceso pero que ahora sabes cómo aplicar—, y concéntrate en tus creaciones personales.

Cómo atraer dinero y manifestar abundancia

Aunque el dinero no es esencial en tu experiencia, para la mayoría de las personas *dinero* y *libertad* son sinónimos. Puesto que en el fondo de tu ser existe la conciencia de tu derecho a la libertad, de ello se deriva que tu relación con el dinero sea uno de los temas más importantes de la experiencia de tu vida. Por eso, no es extraño que tengas unas emociones tan fuertes respecto a este tema.

Aunque hay algunas personas que han descubierto la libertad de autorizarse a que lleguen grandes sumas de dinero a su experiencia, lo más habitual es sentir que tienes menos dinero del que necesitas o deseas; por eso, la mayoría de las personas no se sienten libres. Aquí nos gustaría aclarar la razón de esta disparidad económica, para que puedas empezar a permitir la abundancia que deseas y mereces. Cuando leas estas palabras y empieces a recordar estas verdades basadas en la *Ley,* sintonizarás tu deseo con la abundancia de tu mundo, y las pruebas de tu recién encontrada sintonización pronto serán evidentes para ti y para los demás.

Tanto si eres una persona que ha estado trabajando durante muchos años para conseguir una buena situación económica como si eres un joven que está empezando en su camino, el viaje hacia el Bienestar económico no tiene por qué ser largo. Tampoco requiere grandes cantidades de tiempo o de esfuerzo físico; te vamos a explicar en términos sencillos y fáciles de entender cómo utilizar el potencial de Energía que tienes a tu alcance. Queremos enseñarte la correlación total que existe entre los pensamientos que has tenido respecto al dinero, tus sentimientos cuando los tienes y el dinero que fluye a tu vida. Cuando eres capaz de hacer esa correlación de manera consciente y decides dirigir deliberadamente tus pensamientos, accedes al poder del Universo y te das cuenta de que el tiempo y el esfuerzo físico tienen relativamente poca importancia en tu éxito económico.

Empecemos con la sencilla premisa de tu Universo y de tu mundo: *obtienes aquello en lo que piensas.* Muchas veces la gente nos dice: «Eso no puede ser cierto, porque siempre he pensado en el dinero y lo he deseado más que ninguna otra cosa, pero sigo luchando por conseguirlo». Y entonces les decimos que lo más importante que hay que entender cuando quieres mejorar tu situación económica es que: *El tema del dinero tiene dos aspectos: 1) el dinero, mucho dinero, el sentimiento de libertad y comodidad que puede proporcionar su abundancia; y 2) la falta de dinero, no tener casi lo suficiente, el sentimiento de miedo y decepción al que induce el pensamiento de la falta de dinero.*

Muchas personas suponen que porque dicen «Quiero más dinero», están hablando de forma positiva respecto a él. Pero cuando hablas de dinero (o de otra cosa) y sientes miedo o malestar, no estás hablando del dinero, sino de la falta de él. Y la diferencia es muy importante, porque lo primero trae dinero, y lo segundo lo aleja.

Es necesario que seas consciente de en qué estás *pensando* realmente, y lo más importante, de cómo te *sientes* respecto a él. Si piensas o dices cosas como: «¡Oh!, esto es muy bonito, pero no puedo comprarlo», no tienes la actitud vibratoria correcta para permitir la abundancia de tu deseo. El sentimiento de decepción que hay en tu reconocimiento de que no puedes comprarlo es tu indicador de que la balanza de tu pensamiento se decanta más hacia la escasez que hacia el propio deseo. *La emoción negativa que sientes cuando reconoces que no puedes comprar algo que deseas es una forma de saber hacia qué lado se decantan tus pensamientos, y la cantidad de abundancia que estás experimentando es otra forma de saberlo.*

Muchas personas siguen manteniendo la experiencia de «escasez» en sus vidas simplemente porque no ven más allá de la realidad de lo que están experimentando. Es decir, si experimentan la falta de dinero, son conscientes de ello y hablan a menudo de ese tema, se mantienen en esa situación crónica. Muchas personas cuando les explicamos el poder que tiene contar la historia de la situación económica que desean tener en lugar de la que tienen, protestan porque creen que han de decir las cosas tal como son.

Pero nosotros queremos que entiendas que si sigues contemplando *lo-que-es*, no encontrarás la mejora que buscas. Podrás ver todo un desfile de rostros y lugares, pero no experimentarás ninguna mejoría en tu experiencia. Si quieres un cambio importante en tu vida, has de emitir vibraciones muy diferentes, lo que significa que has de tener pensamientos que te hagan *sentirte* de otro modo.

La acción con escasez no compensa

Jerry: Hace muchos años tuve un hotel de carretera cerca de El Paso, Texas, y H. L. Hunt, que en aquellos tiempos era el hombre más rico de Estados Unidos (uno de los «milmillonarios»), me llamó. Había comprado *Ojo Caliente,* un pequeño complejo turístico en Río Grande que tenía problemas económicos, y le habían dicho que quizás yo tuviera información útil para que él pudiera levantar el negocio. Cuando nos vimos en mi pequeña cafetería, me costaba mucho centrarme en nuestra conversación porque no podía entender por qué un hombre tan rico todavía seguía descontento y buscaba la forma de ganar más dinero. Me preguntaba por qué no había vendido ese lugar —a cualquier precio— para seguir disfrutando del dinero que ya tenía.

Tengo otro amigo que también pertenece a la clase de los milmillonarios. Estábamos en Río de Janeiro, caminando por la playa, y me estaba hablando de algunos problemas que tenía con sus negocios; lo que realmente me sorprendió fue que ese hombre tan rico tuviera *algún* tipo de problema. Pero lo que he aprendido de vosotros, Abraham (y eso que he aprendido muchas cosas), es que nuestro éxito en la vida no depende de tener mucho dinero o posesiones. ¿No es cierto?

Primero buscaré mi equilibrio vibratorio

Abraham: Las cosas que *tienes* y las cosas que *haces* se supone que son para ensalzar tu estado de *ser*. En otras palabras, lo importante es cómo te sientes, y tu estado de ánimo depende de tu sintonización con *quien-eres-realmente*. Cuando lo primero que haces es sintonizar, entonces las cosas que acumulas y las acciones que realizas te sirven para reforzar tu estado de ser positivo...; pero si primero no encuentras tu equilibrio vibratorio e intentas sentirte mejor atrayendo más cosas agradables a tu experiencia o participando en más actividades que te gusten, sigues desequilibrado.

No te estamos induciendo a que no acumules cosas o a que no actúes, porque todo eso es una parte esencial de tu experiencia física. Es decir, tú querías la maravillosa experiencia de explorar los detalles de tu mundo físico para que te ayudaran a determinar tu glorioso crecimiento y expansión, pero cuando intentas avanzar desde el desequilibrio, siempre resulta bastante incómodo. *Si empiezas identificando cómo quieres <u>sentirte</u> o qué quieres <u>ser</u>, y dejas que tu inspiración <u>acumule</u>*

o actúe desde un lugar centrado, entonces no sólo mantendrás tu equilibrio, sino que disfrutarás de las cosas que acumulas y haces.

La mayoría de las personas formulan sus deseos desde la escasez. En muchas ocasiones quieren cosas simplemente porque no las tienen, por lo tanto tenerlas no satisfaría nada en un nivel profundo porque siempre habrá algo que no tendrán. Así que se convierte en una lucha sin fin para tener algo más (una cosa más que no las satisfará) en su experiencia: *Como no tengo esto, lo quiero*. Y realmente piensan que conseguirlo llenará su vacío. Pero eso desafía la *Ley*.

Toda acción que se realiza desde una postura de escasez es contraproducente, y siempre conduce a aumentar el sentimiento de escasez. El vacío que sienten esas personas no se puede llenar con cosas o satisfacer con acciones, porque ese sentimiento está relacionado con la discordia vibratoria entre sus deseos y sus hábitos crónicos de pensamiento.

Tener pensamientos más positivos, contar una historia diferente, buscar los aspectos positivos, *Pivotar* y pasar al tema de lo que realmente deseas, buscar *¿Y si?* positivos: así es cómo se llena el vacío. Y cuando lo haces, sucede algo de lo más interesante en tu experiencia: las cosas que habías deseado empiezan a fluir. Pero esas cosas que habías deseado y que llegan a ti, no llenarán tu vacío, porque ese vacío ya no existe; esas cosas aparecen justamente *porque* tu vacío ya no existe.

Ten la certeza absoluta de que recopilarás muchas cosas espléndidas en tu vida. *Nuestro mensaje no es que dejes de desear, tener o hacer. Nuestro mensaje es que desees, acumules y hagas desde el lugar de sentirte bien.*

Ni el dinero ni la pobreza dan la felicidad

Jerry: Abraham, hay un proverbio que dice que el dinero no hace la felicidad. Por otra parte, he observado que la pobreza tampoco, pero sigue siendo evidente que el dinero no es el *camino* hacia la felicidad. Así que si la *idea* de conseguir algo nos aporta felicidad, ¿significa eso que fijarnos *logros* es una meta adecuada? ¿Y cómo mantiene una persona su sentimiento de felicidad cuando ha conseguido algo que le ha costado mucho tiempo y energía? Muchas veces parece que para alcanzar la meta tuvieras que subir una cuesta, y luego encuentras una pequeña meseta para descansar, pero luego casi de inmediato vuelve a haber una tediosa subida hasta la siguiente meta.

¿Cómo consigue una persona subir todas las cuestas sin perder la alegría, sin sentir que siempre ha de estar luchando para que llegue un día en que pueda exclamar: «¡Por fin, lo he conseguido!», y luego, vuelta a la lucha para volver a decir: «¡Vaya, lo he vuelto a conseguir!»?

Abraham: ¡Tienes razón! El dinero no hace la felicidad, y has observado que la pobreza tampoco.

Es de suma importancia que recuerdes que cuando ofreces cualquier acción con el propósito de conseguir la felicidad, en realidad vas hacia atrás. Por el contrario, utiliza tu habilidad para dirigir tus pensamientos y palabras hacia las cosas que te hacen sentirte cada vez mejor; y cuando hayas conseguido deliberadamente un estado de felicidad, no sólo tendrás la *inspiración* para realizar acciones maravillosas, sino que obtendrás resultados maravillosos.

La mayoría de las personas prestan casi toda su atención a cualquier cosa que esté sucediendo en su experiencia en estos momentos; lo que significa que si los resultados les complacen, todo va bien; pero si no es así, se sienten mal. Pero eso es ir por la vida por la vía difícil. Si sólo tienes la capacidad para ver *lo-que-es,* las cosas no pueden mejorar. Has de encontrar la forma de ver el futuro con optimismo para conseguir mejorar tu experiencia.

Cuando aprendes a dirigir deliberadamente tus pensamientos a las cosas que te hacen sentirte bien, no es difícil encontrar la felicidad y mantenerla, incluso antes de haber logrado la meta. El sentimiento de esfuerzo o de lucha que has descrito con anterioridad tiene lugar debido a la comparación constante del lugar donde te encuentras en estos momentos respecto a la meta que quieres alcanzar. Cuando siempre estás calculando lo que te falta para llegar, observando el camino que aún te queda por recorrer, amplías la distancia, la tarea y el esfuerzo; esa es la razón por la que notas que te has de esforzar tanto.

Cuando te preocupa cómo te sientes y eliges los pensamientos basándote en cómo influyen en tu estado de ánimo, desarrollas patrones de pensamientos más positivos. Y como la *Ley de la Atracción* responde a ellos, obtienes mejores resultados. *Luchar, luchar, luchar nunca conduce a un final feliz. Va en contra de la Ley. La premisa de «Cuando consiga esto, seré feliz» no es muy productiva, porque a menos que seas feliz, no lo conseguirás. Primero tienes que decidir ser feliz, entonces lo consigues.*

Estoy aquí porque soy un creador feliz

Abraham: No estás aquí para acumular o repetir. Has venido en calidad de *creador*. Cuando tienes la mirada puesta en una meta, exageras el sentimiento de escasez entre donde estás ahora y el lugar a donde quieres llegar; y ese hábito de pensamiento no sólo retrasa el progreso de tu creación, sino que puede alejarte de él indefinidamente. *Tú eres quien atrae tu experiencia. Cuando buscas los aspectos positivos y haces un esfuerzo por encontrar pensamientos que te hagan sentirte bien, te encuentras en un lugar de atracción positiva, y lo que deseas llegará antes.*

El escultor no encuentra su máxima satisfacción cuando la obra está terminada. Es el proceso de la creación (esculpir la pieza) lo que le proporciona el placer. Así es cómo nos gustaría que vierais vuestra experiencia física de creación: *un proceso continuo y gozoso de transformación*. Cuando centras tu atención en las cosas que te ayudan a sentirte bien y consigues un estado de felicidad estable, estás en el lugar perfecto para atraer más de lo que deseas.

A veces las personas se quejan de que les parece injusto que tengan que ser felices antes de que llegue a su vida lo que va a traerles más felicidad. Creen que cuando son desgraciadas, «necesitan» que se produzcan acontecimientos felices; pero cuando ya lo son, esos acontecimientos dejan de ser necesarios. Pero eso desafiaría a la *Ley de la Atracción. Has de encontrar la forma de sentir la <u>esencia</u> de lo que deseas antes de que los <u>detalles</u> se puedan manifestar. En otras palabras, has de empezar a sentirte más próspero antes de que pueda llegar más prosperidad.*

Muchas veces la gente nos dice que quiere más dinero, y cuando le preguntamos qué piensa respecto a él, proclama que tiene una actitud muy positiva. Pero si sondeamos un poco y le preguntamos qué siente cuando tiene que pagar sus recibos, muchas veces se da cuenta de que, aunque intenta parecer positiva respecto a su situación, en realidad está muy preocupada, o incluso asustada, por el tema del dinero. Es decir, con frecuencia aunque no fuera consciente de ellos, la mayoría de sus pensamientos respecto al dinero se ha decantado por el platillo de la balanza del *no-suficiente*, en lugar de hacerlo por el de la *abundancia*.

El poder de gastar dinero vibratorio

Abraham: Aquí tienes un proceso que te puede ayudar a cambiar rápidamente la tendencia de tus pensamientos respecto al dinero en una dirección en la que puedas dejar que éste fluya fácilmente a tu experiencia: ponte un billete de 100 dólares en el bolsillo y llévalo siempre encima. A lo largo del día, observa conscientemente cuántas cosas puedes comprar con este dinero: «Podría comprar eso. Podría comprar aquello».

Alguien nos dijo una vez que con un billete de 100 dólares no puedes hacer mucho hoy día, pero le explicamos que si mentalmente gastas ese billete de 100 dólares mil veces durante el día, habrás gastado vibratoriamente 100.000 dólares. Este tipo de enfoque positivo cambiará espectacularmente tu tendencia vibratoria respecto al dinero. Este proceso de gastar vibratoriamente hará que te sientas de otro modo respecto a él; cuando suceda esto, cambiará tu punto de atracción, y llegará más dinero a tu vida. *Es Ley*.

Alguien nos dijo una vez: «Abraham, no tenía el billete de 100 dólares, pero me puse un pagaré en el bolsillo». Le respondimos que eso era sabotear el proceso porque implicaba ir por la vida con el *sentimiento* de deuda en el bolsillo, que es justamente lo opuesto a lo que pretendes. Lo que quieres es *sentir* prosperidad. Tanto si sólo tienes 20 o 50 dólares, como si son 1.000 o 10.000, *utilízalos correctamente para que te ayuden a sentir cómo son las cosas buenas, ahora*. Pues en tu reconocimiento de tu próspero *ahora*, tu prosperidad aumentará.

Necesitar dinero no lo atraerá

Jerry: Abraham, una de mis mayores decepciones cuando he intentado ayudar a las personas a mejorar su situación económica es que las que *más* lo *necesitaban* eran las que tenían menos éxito con mis enseñanzas, mientras que las que lo *necesitaban menos* eran las que *más* éxito tenían. Eso siempre me resultaba extraño: me parecía que los que más lo necesitaban eran los que tenían que intentarlo con más tesón, y que al final tendrían éxito.

Abraham: Cualquier persona que tenga una actitud de escasez, por más acciones que realice, atraerá más escasez. En otras palabras, el *sentimiento* siempre predomina sobre la acción. *Cualquier acción que se realice desde la escasez, invariablemente será contraproducente.* Los que no sentían la necesidad no tenían una actitud de escasez, por lo tanto su acción era productiva. Tu experiencia estaba en completa armonía con la *Ley de la Atracción*, como lo están todas las experiencias. No hay en todo el Universo ni una sola prueba que contradiga lo que estamos diciendo.

Jerry: Otra cosa que observé muchas veces es que los que no tenían mucho éxito o ni siquiera estaban muy interesados en oír hablar del tema, eran personas a las que se les había enseñado que querer dinero era negativo o inmoral, y que lo mejor que podían hacer era quedarse donde estaban aunque no se sintieran realizadas.

Abraham: La razón por la que muchas personas adoptan una actitud de no desear nada es porque han deseado demasiado, pero como no han entendido que toda situación tiene dos aspectos, han prestado más atención a la ausencia de lo que querían que a lo que deseaban. De ese modo, continuaron atrayendo la escasez de lo que deseaban. Y al final, acabaron agotándose. Cuando una persona empieza a asociar desear con no tener, hasta cl punto que desear se convierte en una experiencia desagradable, termina diciendo: «Ya no lo quiero, porque cada vez que he querido algo, he acabado sintiéndome mal, por lo tanto me resulta más fácil no desearlo».

* * *

¿Y si un «pobre» no se siente pobre?

Jerry: Si los que te están observando y comparando con ellos llegan a la conclusión de que eres pobre pero que no *te sientes* pobre, entonces no estarás en una actitud de escasez, y de este modo podrás avanzar con mayor rapidez hacia la abundancia, ¿correcto?

Abraham: Así es. La valoración que hagan de ti los demás no tiene ningún efecto en tu punto de atracción salvo que tú le des importancia. Comparar tu experiencia con las experiencias de los demás puede aumentar tu sentimiento de escasez si llegas a la conclusión de que ellos han tenido más éxito que tú, porque habrás activado en tu interior el sentimiento de ser «menos que». Por otra parte, observar la falta de prosperidad en las experiencias ajenas no te sitúa en una buena posición para atraer mayor prosperidad, porque obtendrás aquello en lo que piensas.

Lo que atraes —o alejas— no tiene nada que ver con lo que hagan los demás. *Mejorar el sentimiento de prosperidad, aunque tu realidad actual no lo justifique, siempre te traerá más prosperidad. Prestar atención a cómo te sientes respecto al dinero es una actividad mucho más productiva que observar cómo les va a los demás.*

Dejar que llegue más dinero a tu vida requiere mucho menos esfuerzo de lo que la mayoría de las personas pueden entender. Lo único que se necesita es conseguir el equilibrio vibratorio en tus pensamientos. Si quieres más dinero, pero dudas de que puedas conseguirlo, no estás equilibrado. Si quieres más dinero pero crees que es malo tenerlo, no estás equilibrado. Si quieres más dinero y estás en contra de los que lo tienen, no estás equilibrado. Cuando sientes emociones de discordia, inseguridad, celos, injusticia, rabia, etcétera, tu *Sistema de Guía Emocional* te está indicando que no estás sintonizado con tu deseo.

La mayor parte de las personas no hacen ningún esfuerzo para sintonizar con el tema del dinero. Por el contrario, pasan años, incluso vidas, señalando las injusticias que perciben, intentando definir lo correcto y lo incorrecto del tema, e incluso intentando crear leyes para dirigir el flujo del dinero en la civilización, cuando un esfuerzo bastante menor —en comparación con el intento imposible de controlar esas circunstancias externas— les ofrecería resultados extraordinarios.

No hay nada más importante que sentirte bien, pues cuando te estás sintiendo bien, estás en armonía con tu principal intención. Muchos creen que trabajar duro y esforzarse no sólo es un requisito imprescindible para alcanzar el éxito, sino que es la forma de vida más honrada. Los momentos difíciles de esfuerzo, indudablemente te ayudan a definir lo que deseas, pero hasta que no te liberas del sentimiento de esfuerzo, lo que deseas no podrá llegar a tu experiencia.

Muchas veces las personas creen que han de probar que son merecedoras, y que una vez que lo hayan conseguido obtendrán la recompensa; pero lo que queremos deciros es que ya lo merecéis, y que demostrar que es así no sólo es imposible, sino innecesario. Lo que sí *es* necesario para recibir la recompensa o el beneficio deseado es sintonizar con su esencia. Primero tienes que sintonizar vibratoriamente con las experiencias que deseas vivir.

Reconocemos que las palabras no enseñan, y que el conocimiento respecto a las *Leyes del Universo* y sobre lo que vales no significa que en el momento en que estés leyendo esto de pronto reconozcas tu valor. Sin embargo, mientras reflexionas sobre las premisas que estamos exponiendo y empiezas a aplicar los procesos que estamos sugiriendo, sabemos que la respuesta del Universo a tu vibración mejorada te dará la prueba de la existencia de esas *Leyes*.

No tardarás mucho, ni tendrás que aplicar demasiado lo que estás leyendo aquí, para convencerte de lo que vales y de tu capacidad para crear lo que deseas. La principal razón por la que las personas no creen en su propio valor es porque normalmente no han encontrado la forma de conseguir lo que desean, y erróneamente suponen que hay alguien que no las aprueba y que de algún modo está impidiendo la llegada de su recompensa. Eso nunca puede ser cierto. Tú eres el creador de tu experiencia.

Haz afirmaciones como: *Quiero ser lo mejor que puedo ser. Quiero hacer, tener y vivir de forma que esté en armonía con mi idea de conseguir el máximo bien. Quiero armonizar físicamente en este cuerpo con lo que creo que es lo mejor, o con una buena forma de vida.* Si haces estas afirmaciones y no actúas hasta que te sientas bien, siempre recorrerás el camino en armonía con tu idea de lo que es bueno para ti.

* * *

¿Cuál es mi historia sobre mi «abundancia económica»?

Abraham: Creer en la escasez es la razón por la que la mayoría de las personas no se permiten la abundancia económica que desean. Cuando crees que la abundancia es finita y que no hay bastante para todos —y entonces sientes que es injusto que uno tenga más que otro, porque piensas que si lo tiene es porque se lo ha quitado a los demás—, te estás alejando de esa abundancia. Tu fracaso no se debe al éxito de otro, sino a tu comparación negativa y a tu atención a la ausencia de lo que deseas. Cuando sientes esa emoción negativa al acusar a otros de injusticia, o de despilfarrar o de acumular, o cuando simplemente crees que no hay suficiente para todos, estás impidiendo que mejore tu situación.

Lo que tengan o dejen de tener los demás, nada tiene que ver contigo. Lo único que influye en tu experiencia es la forma en que utilizas la Energía No-Física de tu pensamiento. Tu abundancia o escasez en tu experiencia nada tiene que ver con lo que haga o tenga otra persona. Sólo está relacionado con tu perspectiva. Con tus pensamientos. Si quieres que cambie tu suerte, has de empezar a contar una historia diferente.

Muchas personas critican a las que viven bien, que acumulan tierras, dinero y cosas; y esas críticas son sintomáticas de su hábito de pensamiento centrado en la pobreza. Quieren sentirse mejor, y muchas veces creen que tachando de «malo» aquello que no pueden conseguir mejorará su estado de ánimo; pero no es así, porque hagan lo que hagan, es su atención en la escasez lo que sigue perpetuándola. No se sentirían mal viendo los logros de otros si ese deseo también reinara en su interior. Y esas críticas que suelen avivar internamente sólo les sirven para mantener la discordia vibratoria con lo que desean.

Es decir, si alguien te llama por teléfono y te dice: «Hola, no me conoces, pero te llamo para decirte que nunca más te volveré a llamar», no sentirás una emoción negativa por la ausencia de la persona que te ha llamado, porque para empezar no deseabas su presencia. Pero si alguien que te importa te dijera eso, sentirías una fuerte emoción negativa, porque tu deseo y tu creencia estarían en conflicto.

Cuando estás sintiendo una emoción negativa sobre algo, siempre significa que tienes un deseo que ha nacido de tu experiencia personal de la vida, la que en estos momentos contradice tus propios pensamientos. *La discordia vibratoria siempre es la razón de todas las emociones negativas. Y la emoción negativa siempre es la guía para ayudarte a redirigir tus pensamientos a fin de sintonizar vibratoriamente con quien-eres-realmente y con tus deseos actuales.*

¿Y si los pobres critican a los ricos?

Jerry: Cuando era pequeño, normalmente siempre iba con gente pobre y solíamos reírnos de los ricos; criticábamos a los que tenían coches lujosos, por ejemplo. Así que, de adulto, cuando llegó un día en que pensé que me gustaría tener un Cadillac, no me atreví a comprármelo porque temía que se rieran de mí como yo lo había hecho de joven. Así que me compré un Mercedes, porque hace algunos años la gente pensaba que eran coches «baratos».

La única forma en que pude llevar un Cadillac, que finalmente me compré, fue puentear mis pensamientos diciendo: *Bueno, comprando este coche, doy trabajo a todas las personas que se dedican a su fabricación. Creo trabajos para todos los que suministran las piezas y los materiales —la piel, el metal, los cristales— y los artesanos, etcétera...* Con esa justificación, pude comprarme el coche. Así que de algún modo descubrí el proceso de puentear mis pensamientos para que me ayudaran a permitirme ese símbolo de éxito en mi experiencia.

Abraham: Tu proceso de puentear los pensamientos es muy eficaz. Cuando quieres sentirte bien y paulatinamente vas encontrando pensamientos que te ayudan a sentirte mejor, sintonizas con tu deseo y vas liberando la resistencia que impide que mejore tu situación. *Concentrarte en las opiniones encontradas de los demás nunca es productivo porque siempre provoca discordia en tu interior, lo cual también impide que mejore tu situación. Siempre habrá otras personas que no estarán de acuerdo contigo, y si les prestas atención, siempre entrarás en conflicto vibratorio con tus propios deseos. Escucha a tu Sistema de Guía —prestando atención a tus emociones— para determinar si tus deseos y tu conducta son coherentes.*

Siempre habrá alguien, independientemente del aspecto de la situación que elijas adoptar, que no estará de acuerdo contigo. Por eso hacemos tanto hincapié en que tu principal objetivo es encontrar la armonía con *quien-eres-realmente*. Si confiaras en ti, si pudieras creer que gracias a todo lo que has vivido has alcanzado un gran conocimiento y que puedes confiar en tus sentimientos como *Guía* para saber si lo que estás contemplando es adecuado o no, utilizarías tu *Sistema de Guía* de la forma para la que ha sido diseñado.

¿Y si nuestro dinero pierde valor?

Jerry: Abraham, en el pasado el dinero se hacía con monedas de metal, tenía valor en sí mismo: como la moneda de 20 dólares de oro, el propio oro ya valía los 20 dólares; y el dólar de plata, que también tenía valor en sí mismo. Entonces era fácil entender el valor de la moneda. Pero nuestro dinero actual ya no tiene valor en sí mismo, tanto el papel como las monedas apenas tienen valor.

Siempre he valorado la conveniencia del dinero como medio para intercambiar bienes y talentos, en vez de intercambiar pollos por una caja de leche o una bolsa de patatas. Pero ahora, el dinero se devalúa artificialmente, y cada vez es más difícil comprender el valor del dólar. Eso me recuerda la búsqueda de mi propio valor: «¿Cuánto vale mi talento? ¿Cuánto he de pedir por intercambiar el tiempo y la energía que he empleado?» Pero ahora estoy aprendiendo de vosotros que no debemos medir nuestro valor de ese modo. Sólo hemos de considerar qué es lo que queremos, y luego permitir que venga.

Muchas personas se sienten inseguras respecto a su futuro económico porque creen que no tienen el control sobre lo que puede pasar con la devaluación del dólar, pues es un reducido grupo de personas el que controla o manipula todo eso. Muchos se preocupan de que suba la inflación o que incluso haya otra recesión. Me gustaría que la gente entendiera lo que nos habéis estado enseñando respecto a la *Ley de la Atracción* para que no se preocupara por las cosas que no están bajo su control, como la devaluación del dólar.

Abraham: Has tocado un punto muy importante respecto al tema del dinero porque tienes razón, muchos reconocéis que actualmente el dólar no vale lo que valía antes. Pero esa es otra postura de escasez a la que muchas veces os aferráis y que os aleja de atraer la abundancia que os pertenece.

Nos gustaría que entendierais que el dólar y el valor que se le ha asignado no es lo que realmente influye en vuestra experiencia tal como creéis ahora, y que si pudierais tener claro lo que deseáis respecto a *ser, tener* y *hacer,* el dinero —u otras formas de atraer lo que deseáis— fluiría fácilmente hacia vosotros.

Seguimos refiriéndonos a la misma terminología: *Desde tu postura de escasez no puedes atraer lo contrario. En realidad se trata de que ajustes tu pensamiento para que esté en armonía con aquello que te hace sentirte bien.*

Todo pensamiento es una vibración, y atraes en virtud de tener ese pensamiento vibrante. Cuando tienes un pensamiento de escasez, la vibración de ese pensamiento es tan ajena a lo que tu *Ser Interior* sabe que es, que no puede resonar contigo en modo alguno, y lo que sientes es una emoción negativa. Cuando tienes un pensamiento elevado, de abundancia o de Bienestar, ese pensamiento está en armonía con lo que tu *Ser Interior* sabe que es. Bajo esas condiciones, te llenas de emociones positivas.

Puedes confiar en que tu estado de ánimo es el indicador de la postura que has adoptado respecto a una situación (que en realidad es dual). *Tanto si se trata del dinero como de su escasez, de la salud o de la enfermedad, de una relación o de la ausencia de ella: cuando te sientes bien, siempre estás en la actitud de atraer lo que deseas.*

¿Se puede modificar una espiral invertida?

Jerry: Cuando veía personas con problemas económicos, solía preocuparme por ellas. Observaba cómo se hundían, cada vez más, hasta que al final acababan en bancarrota. Pero luego, en muy poco tiempo, tenían un barco nuevo, otro coche de lujo y una bonita casa. Es decir, ninguna de las personas a las que observé parecía quedarse siempre abajo. Pero ¿por qué no pudieron detener la espiral invertida en una fase más temprana y empezar antes el ascenso? ¿Por qué tantas tuvieron que tocar fondo antes de volver a ascender?

Abraham: La razón de una espiral invertida es prestar atención a la escasez. En su temor a perder algo o al prestar atención a las cosas que estaban perdiendo, dirigieron su atención a lo contrario de lo que deseaban; mientras ese era su punto de atracción, sólo cabía más pérdida. Cuando estaban en guardia o a la defensiva, o cuando empezaron a justificar, racionalizar o culpabilizar, se situaron en el platillo de la balanza que correspondía a la escasez, así que sólo podían atraer más escasez a su experiencia.

Pero al tocar fondo ya no estaban a la defensiva, porque no tenían nada que perder, y su atención cambió, igual que su vibración, por lo que también cambió su punto de atracción. Al llegar a lo que pensaban que era el fondo, tuvieron que mirar hacia arriba. Se podría decir que se vieron obligadas a empezar a contar una nueva historia.

Tu experiencia de la vida ha provocado que pidieras muchas cosas maravillosas que ya se han puesto en camino, pero tus dudas, preocupaciones, temores, resentimientos, culpas o celos (o cualquier otro tipo de emoción negativa) indican que tus pensamientos predominantes te mantienen alejado de ellas. Es como si las hubieras atraído al otro lado de tu puerta, pero tu puerta está cerrada. Cuando empiezas a contar una historia diferente sobre las cosas que puedes comprar con un billete de 100 dólares, cuando te relajas y piensas más en los aspectos positivos de tu vida, a medida que eliges deliberadamente el extremo positivo del bastón vibratorio, esa puerta se va abriendo y te inundan las manifestaciones de las cosas, experiencias y relaciones deseadas.

Una guerra contra la guerra es una guerra

Abraham: Reconocer que eres el creador de tu propia experiencia de la vida y aprender a hacerlo deliberadamente dirigiendo tus pensamientos, para la mayoría de las personas supone hacer un ajuste, porque durante mucho tiempo han creído que las cosas *suceden* gracias a la *acción*. No sólo habéis creído erróneamente que la acción es lo que hace que sucedan las cosas, sino que también habéis creído que si ejercéis presión sobre lo no deseado, desaparecerá. Por eso tenéis una «guerra contra la pobreza», una «guerra contra las drogas», una «guerra contra el sida», una «guerra contra el terrorismo».

Y aunque creáis que ejercer presión contra esas cosas indeseables hará que desaparezcan de vuestra vida, así no es cómo actúan las *Leyes del Universo*, y no es la prueba de tu experiencia, pues todas esas guerras no hacen más que empeorar la situación. *Prestar atención a la ausencia de lo que se desea provoca más escasez de lo deseado, y que esa escasez llegue más cerca de ti, al igual que dirigir tu atención a lo que deseas provoca que eso aumente y llegue más a tu vida.*

Cuando te relajas en tu Bienestar natural y haces afirmaciones como: «Busco la abundancia y confío en las *Leyes del Universo,* he identificado lo que deseo y ahora me voy a relajar y a permitir que llegue a mi experiencia», llegará más de lo que deseas. Si percibes tu situación económica como una lucha, estás alejando tu Bienestar económico, pero cuando empiezas a sentirte cómodo respecto a tu situación económica, estás permitiendo que fluya más abundancia a tu experiencia. Es así de sencillo.

Por eso, cuando ves que otros destacan en su atracción del dinero y sientes una emoción negativa al respecto, esa es tu señal de que tus pensamientos actuales no están permitiendo la abundancia que deseas en tu vida. *Cuando eres crítico respecto a la forma o el uso que hace otro del dinero, lo estás alejando de tu vida. Pero cuando te das cuenta de que lo que hagan otros con el dinero no tiene nada que ver contigo, y que tu función principal es pensar, decir y hacer lo que te haga sentirte bien, no sólo habrás sintonizado con el tema del dinero, sino con todos los temas importantes de tu experiencia física.*

¿Podemos triunfar sin tener talento?

Jerry: ¿Qué importancia tiene el talento o tener una habilidad para conseguir abundancia y dinero?

Abraham: Muy poca. Eso, en su mayor parte son aspectos de la *acción,* y la *acción* sólo es responsable de una minúscula parte de lo que llega a tu vida. Tus *pensamientos* y *palabras* (las palabras son *pensamientos* expresados) son la razón por la que tu vida se desarrolla como lo hace.

Jerry: Entonces, ¿implica eso que las personas que no tienen ninguna habilidad o talento especial también pueden recibir la abundancia que desean en sus vidas?

Abraham: Por supuesto, a menos que se comparen con otros (y lleguen a la conclusión de que no tienen ningún talento o habilidad comercial), se sientan inferiores y por consiguiente saboteen su propia experiencia con sus expectativas negativas.

La habilidad más valiosa que puedes desarrollar es la de dirigir tus pensamientos hacia lo que deseas —saber evaluar rápidamente todas las situaciones, llegar con rapidez a la conclusión de qué es lo que más deseas—, y luego dirigirte unidireccionalmente a ello. Centrar tus pensamientos es una gran habilidad que te dará resultados que no se pueden comparar con los que puede ofrecer la mera acción.

¿Podemos obtener algo sin dar?

Jerry: ¿Cómo hacer entender a las personas que se olviden de la creencia de que para *recibir* algo que valga una cantidad determinada han de *entregar* esa suma?

Abraham: El conocimiento sobre todas las cosas llega solamente a través de la experiencia de la vida, pero tu experiencia de la vida es el resultado de todos tus pensamientos. Así que, aunque hayas deseado algo durante mucho tiempo, si tus pensamientos han sido de escasez, lo que deseas no llegará. Entonces, desde tu experiencia personal, llegas a la conclusión de que *no* es posible o que *supone* un esfuerzo. En otras palabras, cuando tu vida es difícil, llegas a muchas conclusiones válidas respecto a que las cosas son duras.

Nosotros deseamos que entiendas cuál es la esencia de ese esfuerzo autocreado. Queremos ayudarte a que empieces desde una premisa diferente y que entiendas las *Leyes* que rigen todas las cosas. Un nuevo entendimiento de las Leyes del Universo y la voluntad de empezar a contar una historia diferente te dará otros resultados, y éstos te conducirán a otras creencias o conocimientos.

Sólo tú puedes valorar tu eficacia. Nadie más tiene la habilidad para discernir dónde te encuentras respecto a dónde quieres estar, ni nadie puede decidir dónde deberías estar, sólo tú.

* * *

Quieren que les toque la lotería de la fortuna

Jerry: Muchas personas esperan que les caiga una fortuna del cielo para liberarlas de sus deudas o de trabajar en algo que no les gusta. Lo que más oigo decir es que quieren que les toque la lotería, con lo que conseguirían su riqueza a costa de que alguien pierda su dinero.

Abraham: Si sus *expectativas* realmente lo autorizaran, esa podría ser una forma de que les llegara el dinero. Pero la mayoría es consciente de lo difícil que es, y sus *expectativas* de que les toque no tienen mucha fuerza.

Jerry: Entonces, ¿cómo se relaciona la *esperanza* con las *expectativas de que te toque*?

Abraham: Del mismo modo que *esperar* es más productivo que *dudar*, estar *expectante* es mucho más productivo que *esperar*.

Jerry: ¿Cómo pueden las personas empezar a tener expectativas respecto a algo que todavía no ha aparecido en su experiencia de la vida? ¿Cómo puedes tener expectativas respecto a algo que no has experimentado?

Abraham: No es necesario *tener* dinero para *atraer* dinero, pero no puedes *sentirte pobre* y atraer dinero. La cuestión es que siempre has de encontrar formas de mejorar tu estado de ánimo desde el lugar donde te encuentras ahora para que las cosas empiecen a cambiar: *A medida que apartes tu atención de lo que va mal, y empieces a contar historias sobre lo que deseas, en lugar de hacerlo hacia lo que tienes, cambiará tu vibración y tu punto de atracción, y obtendrás otros resultados. En poco tiempo, gracias a los resultados diferentes que estarás consiguiendo, tendrás la creencia o el conocimiento de la abundancia que traerá fácilmente más de lo mismo. Muchas veces la gente dice: «Los ricos siempre se hacen más ricos, mientras que los pobres siempre se vuelven más pobres»: pues esa es la razón.*

Busca razones para sentirte bien. Identifica lo que deseas, y dirige tus pensamientos hacia un lugar donde te sientas bien.

Vivir en la abundancia no es un acto de «magia»

Abraham: Como ya hemos explicado, desde nuestra perspectiva, de la naturaleza abundante de vuestro Universo y el potencial de abundancia que siempre tenéis a vuestro alcance, entendemos que no vais a asimilar nuestro conocimiento sólo por leer estas palabras. Si os pidiéramos que confiarais en lo que decimos o que simplemente «intentarais» comprenderlo, no podríais adoptar este conocimiento como vuestro porque sólo la experiencia de la vida aporta ese saber.

Las creencias que tienes como resultado de tu experiencia son muy fuertes, y entendemos que no puedes liberarte de ellas y substituirlas por otras inmediatamente, aunque nosotros sepamos que podrías albergar creencias mucho más productivas. Pero hay algo que puedes empezar ahora y que supondrá un gran cambio en la forma en que se desarrollará tu vida y que no requiere que renuncies inmediatamente a tus creencias actuales: *Empieza a contar una historia más positiva, que te ayude a sentirte mejor sobre tu vida y las cosas que te importan.*

No escribas una historia como si fuera un documental basado en los hechos, sopesando los pros y los contras de tu experiencia, sino más bien cuenta la historia inspiradora, imaginativa y mágica de la maravilla de tu vida, y observa qué sucede. Cuando veas cómo se transforma tu vida ante tus propios ojos, te parecerá magia, pero no lo es. Es el poder de las *Leyes del Universo* y tu sintonización deliberada con esas *Leyes*.

¿Cambiar la libertad por dinero?

Jerry: A este libro le pusimos el título de *El dinero y la Ley de la Atracción*, pero en realidad trata sobre la abundancia en todas las áreas de la vida. Desde mi infancia, hemos luchado contra la delincuencia (en Estados Unidos). Y hay más delincuencia ahora que cuando yo era pequeño. No hace mucho leí que nuestra nación tiene el porcentaje más elevado de presos que ningún otro país «libre» del mundo.

A pesar de que hemos luchado contra las enfermedades, hay más hospitales y enfermos que antes, y mucho más sufrimiento físico en esta nación experta en porcentajes que nunca.

Hemos estado luchando contra la guerra en nuestro intento de crear la paz en el mundo, y parece que fue ayer cuando el mundo entero celebraba «¿No es maravilloso que [tras la caída del muro de Berlín] por fin haya paz?» Pero apenas habíamos empezado a respirar tranquilos cuando ya había empezado una nueva serie de guerras, y por si fuera poco, ahora *estamos* construyendo más muros alrededor de *esta* nación.

También he oído muchos comentarios sobre la preocupación del abuso sexual a menores y los tratos vejatorios a otras personas, y cuanto más oigo hablar de luchar contra los abusos infantiles, más abusos se producen.

Parece como si todo lo que intentamos hacer para frenar lo que no queremos no estuviera funcionando. Pero el área donde esta nación parece que sigue yendo en una dirección positiva es la de la *abundancia*. Tenemos tanta comida y dinero que podemos dar al resto del mundo, así como muchos otros productos de consumo que están a nuestro alcance que en mis años de juventud habría sido impensable, por lo que se deben haber producido cambios positivos en este aspecto.

No obstante, hay muchas personas que en su búsqueda del bienestar económico parecen perder parte de su libertad personal a cambio del dinero. Hay personas que tienen mucho tiempo libre, pero muy poco dinero para disfrutarlo. Y luego están las que tienen mucho dinero, pero muy poco tiempo para disfrutarlo. Lo raro es encontrar personas que dispongan de ambas cosas. Abraham, ¿podríais comentar vuestra perspectiva sobre mi percepción?

Abraham: Tanto si te preocupas por la falta de dinero como por la falta de tiempo, sigues preocupado por la escasez de algo que deseas, y por lo tanto mantienes una actitud de resistencia respecto a las cosas que deseas. Tanto si tu emoción negativa es porque te falta tiempo como porque te falta dinero, sigues sintiendo una emoción negativa, estás en un estado de resistencia y alejando lo que realmente deseas.

Cuando sientes que no tienes tiempo para hacer todas las cosas que tendrías o quieres hacer, tu atención a la escasez te afecta negativamente mucho más de lo que te imaginas. *El sentimiento de estar abrumado es tu indicador de que te estás negando el acceso a ideas, encuentros, condiciones, y a todas las formas de cooperación que podrían ayudarte si no las estuvieras bloqueando. Es un ciclo bastante incómodo en el que sientes la escasez de tiempo, te preocupas por tu agenda sobrecargada y te agobias, y el resultado de todo eso es que emites una vibración que te impide mejorar.*

Has de empezar a contar una historia diferente, pues no puedes seguir comentando cuántas cosas tienes que hacer sin bloquear la ayuda. Hay un Universo de cooperación en tus manos, listo y apto para ayudarte de más formas de las que puedes empezar a imaginar, pero si sigues quejándote de todo lo que tienes que hacer, estás negando sus beneficios.

Cuando sientes que no tienes suficiente dinero, tu atención a la falta de dinero obstaculiza los medios que podrían traerte más; sencillamente no puedes observar lo contrario de lo que deseas y conseguir lo que quieres. Has de empezar a contar una historia diferente. Has de encontrar la forma de crear un sentimiento de abundancia, antes de que ésta pueda aparecer.

Cuando empieces a sentirte más libre respecto a cómo empleas tu tiempo y dinero, vendrán personas a ayudarte, se te ocurrirán ideas productivas y renovadoras, y empezarán a producirse las circunstancias y acontecimientos. Cuando cambias tu forma de sentir, accedes a la Energía que crea los mundos. Está siempre a tu alcance.

¿Sientes negatividad respecto al dinero o al cáncer?

Jerry: Entonces, ¿cuál es la diferencia entre tener un sentimiento negativo respecto al dinero, y por lo tanto *no* conseguir el dinero, y decir: «No quiero tener cáncer», y *tener* cáncer?

Abraham: Así es cómo funciona: obtienes la esencia de tus pensamientos, de modo que si piensas en la *falta de salud,* eso es lo que conseguirás. Si piensas en la falta de dinero, te faltará dinero. Por tu estado de ánimo podrás saber si estás atrayendo aspectos positivos o negativos sobre el tema.

El Universo no oye el *no*. Cuando dices: *No, no quiero enfermedad,* con esa actitud respecto a ese tema es como decir: *Sí, que venga a mí esto que no quiero.*

Cualquier cosa a la que le prestas tu atención es una invitación para conseguir su esencia. Cuando dices: *Quiero dinero, pero no llegará,* tu atención a la falta de dinero es como decir: *Ausencia de dinero, que no la quiero, ven a mí.*

Cuando piensas en el dinero de una forma en que propicie su llegada, te sientes bien. Cuando piensas en el dinero de una forma que propicie que no llegue, te sientes mal. Así es como reconoces la diferencia.

De modo que si te preguntas: «Si puedo tener cáncer preocupándome por la falta de salud, ¿por qué no puedo conseguir dinero concentrándome en la falta del mismo?» Conseguir el dinero, *que es lo que realmente quieres,* es lo mismo que conseguir la salud, *que es lo que realmente quieres*. Tener un cáncer, *que es lo que no quieres,* es lo mismo que no conseguir el dinero, *que es lo que no quieres.*

Sólo tienes que asegurarte de que, sean cuales sean tus pensamientos o palabras, vayan unidos a una emoción positiva, entonces estarás en la actitud de atraer lo que *deseas*. Cuando hay una emoción negativa, estás en la actitud de atraer algo que *no* deseas.

¿No se esforzó para ganar dinero?

[Lo que viene a continuación es un ejemplo de una pregunta de uno de los asistentes a uno de los talleres de Abraham-Hicks.]

Pregunta: Tengo una amiga que mantuvo económicamente a su ahora ex marido durante unos diez años. Trabajó mucho para poder cuidarle, muchas veces haciendo grandes esfuerzos para ganar suficiente para los dos. Al final se cansó de su falta de voluntad para aportar dinero y se separaron. Su marido nunca le dio ninguna muestra de que el dinero fuera importante para él, pero ahora ha heredado 1 millón de dólares, y no va a compartir nada con su ex mujer (mi amiga), que fue quien lo mantuvo durante diez años.

No me parece justo que ella aportara todo el dinero y trabajara tanto y recibiera tan poco, mientras que él, que apenas ha trabajado, y al que no parecía importarle mucho el dinero, ha heredado 1 millón de dólares. ¿Cómo es posible?

* * *

Abraham: [el resto del capítulo es Abraham hablando]: Comprendiendo la *Ley de la Atracción* como la comprendemos nosotros, esta historia tiene mucho sentido. Esta mujer trabajó duro, estaba resentida, se preocupaba por la escasez, y el Universo hizo coincidir esos *sentimientos* con toda exactitud. Su marido se sentía cómodo, se negaba a sentirse culpable, esperaba que las cosas le llegaran con facilidad, y el Universo hizo coincidir esos *sentimientos* con toda exactitud.

Muchas personas creen que han de trabajar duro, luchar, pagar un precio y sufrir para que sus esfuerzos se vean recompensados, pero eso no coincide con las *Leyes del Universo: no puedes tener un final feliz en un viaje desafortunado. Eso desafía la Ley.*

No hay ninguna prueba de lo contrario respecto a la *Ley de la Atracción;* y tú has tenido la suerte de conocer a esas dos personas, ver sus actitudes y observar los resultados: una esforzándose, trabajando duro, haciendo lo que la sociedad le ha enseñado y no obteniendo lo que deseaba... la otra negándose a esforzarse, insistiendo en estar cómoda y siendo objeto de los recursos que le ayudan a vivir mejor.

Muchos dirían: «Bueno, puede que esté de acuerdo con las *Leyes del Universo*, pero no es correcto», pero queremos que sepas que cuando sintonizas con esta poderosa *Ley*, entiendes su justicia absoluta.

Puesto que tienes control sobre lo que emites, ¿qué podría ser más justo que el Universo que te da exactamente aquello que estás emitiendo? ¿Qué podría ser más poderoso que la *Ley de la Atracción* que responde por igual a todas las personas que emiten esa vibración? Cuando controlas lo que piensas, tu sentido de la injusticia desaparece y se sustituye por tus ganas de vivir y tu entusiasmo por crear aquello con lo que naciste. *Que todo en el Universo sea un ejemplo para ti de la forma en que actúan las <u>Leyes de Universo</u>.*

Si crees que has de trabajar mucho para merecer el dinero, ese dinero no podrá llegar a menos que trabajes duro. Pero el dinero que llega como respuesta a la acción física es muy poco en comparación con el que llega gracias a sintonizar con tu pensamiento. Sin duda, habrás observado la enorme disparidad entre algunas personas que actúan mucho y obtienen muy pocos resultados, mientras que hay otros que hacen muy poco y obtienen grandes resultados. Queremos que entiendas que la disparidad sólo existe en comparación con la *acción* que se realiza, pero no hay disparidad o injusticia respecto a la sintonización de Energías.

El éxito económico, o cualquier otro tipo de éxito, no requiere mucha acción o trabajo, sino sintonizar el pensamiento. Sencillamente no puedes ofrecer un pensamiento negativo respecto a algunas cosas que deseas y compensarlos con la acción o el trabajo duro. Cuando aprendes a dirigir tus pensamientos, descubres el verdadero poder de sintonizar la Energía.

La mayoría estáis mucho más cerca de conseguir una fortuna de lo que ni siquiera os autorizáis a desear, porque el pensamiento de lo que podríais tener va acompañado de la decepción que supondría *no* conseguirlo. Así, con vuestro pensamiento de escasez, no os autorizáis desear o esperar nada espléndido en lo que respecta al dinero; y esa es la razón por la que, en general, tenéis experiencias bastante mediocres.

Tenéis razón cuando pensáis: *el dinero no lo es todo*. Sin duda, no necesitáis dinero para ser felices en vuestra experiencia. Pero en vuestra sociedad —donde hay tantas cosas vinculadas al dinero— la mayoría lo asociáis con la libertad. Puesto que la libertad es un principio básico de vuestro Ser, sintonizar con el dinero os ayudará a equilibraros, lo cual os será útil en todos los aspectos de vuestra experiencia.

¿Resulta cómodo gastar dinero?

Una forma muy habitual de contemplar el tema del dinero es la que nos manifestó una mujer que nos explicaba que siempre se sentía incómoda cuando gastaba dinero. Con el tiempo había ahorrado algo de dinero, pero siempre que pensaba en gastar algo, se quedaba «congelada» y «tenía miedo de gastarlo».

Nosotros le explicamos: es comprensible que cuando crees que tu dinero llega por las acciones que estás realizando, también creas que no siempre podrás seguir actuando para conseguirlo, y que te aferres a él y lo gastes con cuentagotas para que dure más. Sin embargo, ese sentimiento de escasez retrasa el proceso de que fluya más dinero a tu experiencia.

Si no te sientes cómodo con la idea de gastar dinero, desde luego no te animamos a que lo gastes mientras sientas eso, porque cualquier acción realizada cuando tienes una emoción negativa nunca es una buena idea. Pero la razón de tu malestar no es por la acción de gastar el dinero, sino que es un indicador de que tus pensamientos respecto al dinero en estos momentos no son un Homólogo Vibratorio de tu deseo. *La creencia en la escasez nunca vibrará a la par de tu conocimiento más amplio, porque la escasez no existe. Siempre que prestes atención a la ausencia de lo deseado, se producirá una emoción negativa en tu interior, porque tu Guía te está indicando que te has desviado de tu entendimiento básico más amplio sobre la abundancia y el Bienestar.*

Encuentra la forma de aliviar tu *malestar,* y al final se transformará en un sentimiento de esperanza, luego de *expectativa* positiva; y cuando alcances ese lugar estable de sentirte mejor, esa sensación de «congelación» será sustituida por la *confianza* y el *entusiasmo*. Tanto si te estás preocupando por la escasez de dinero como por lo que te queda de vida (y cada día que pasa es un día menos hacia el final de tus años), ese sentimiento de declive es contrario a tu visión más amplia de la naturaleza Eterna de tu Ser.

Del mismo modo que entiendes que no has de intentar la misión imposible de absorber suficiente aire en tus pulmones para que te dure todo el día, toda la semana o todo el año, sino que inspiras y espiras, recibiendo siempre lo que quieres o necesitas cuando lo quieres o lo necesitas, el dinero puede entrar y salir de tu experiencia con la misma facilidad que una vez lograste la expectativa de la abundancia Eterna.

Todo el dinero que deseas está a tu alcance. Lo único que has de hacer es *permitir* que llegue a tu vida. A medida que el dinero va fluyendo hacia ti, puedes permitir que salga paulatinamente, porque al igual que el aire que respiras, siempre entrará más. No tienes que guardar tu dinero (como si retuvieras la respiración para que no se escapara el aire) por temor a que no entre más. Siempre *llega* más.

A veces las personas protestan cuando cuentan sus historias de escasez o privación, señalando la «realidad» de la escasez que han experimentado, presenciado o de la que han oído hablar. Entendemos que hay muchos ejemplos de personas que experimentan escasez de muchas cosas que desean. Pero queremos que entiendas que esas experiencias de escasez no son así porque no haya abundancia, sino porque no la están *permitiendo*.

Seguir contando historias de escasez sólo contradice tu deseo de abundancia, y no puede ser de dos formas: no puedes concentrarte en lo que *no deseas* y recibir lo que *deseas*. No puedes concentrarte en historias sobre el dinero que te deprimen y permitir que llegue lo bueno. Has de empezar a contar una historia diferente si quieres conseguir resultados diferentes.

Nosotros empezaríamos diciendo: *Quiero sentirme bien. Quiero ser productivo y expansivo. Mis pensamientos son la base de la atracción de todas las cosas que considero buenas, lo que incluye tener suficiente dinero para mi comodidad y felicidad, y salud, y gente maravillosa a mi alrededor que me estimulen, me animen y sean interesantes...*

Cuenta la historia que deseas, y luego añade los detalles de los aspectos positivos que puedes encontrar que coincidan con tus deseos. Luego adorna tus expectativas positivas especulando con ejemplos positivos del *Sería estupendo que...*

Di cosas como: *Sólo me vienen cosas buenas. Aunque no tengo todas las respuestas, ni sé todos los pasos, ni puedo identificar todas las puertas que se me abrirán, sé que en mi avance en el tiempo y el espacio, llegaré a ver el camino con toda claridad. Sé que podré descifrarlo a lo largo de mi recorrido.* Cada vez que te cuentas una historia diferente, te sientes mejor y los detalles de tu vida mejoran. Todo va de mejor en mejor.

¿Cómo puedo cambiar mi punto de atracción?

A veces hay personas que dicen que han estado contando la historia de lo que no desean durante tanto tiempo que ahora es demasiado tarde para compensar todos esos años en que se han centrado en la escasez de dinero, pero no tienen por qué preocuparse.

Aunque es cierto que no puedes dar marcha atrás y deshacer todos tus pensamientos negativos, no hay razón para hacerlo aunque pudieras, porque todo tu poder se encuentra en el *presente*. Si ahora mismo encuentras un sentimiento que te ayude a sentirte mejor, tu punto de atracción cambia

¡ahora! *La única razón por la que te puede parecer que algún pensamiento negativo que escogiste hace muchos años está influyendo en tu vida es porque has seguido con la tendencia de los pensamientos o creencias negativos a lo largo de todos estos años. Una creencia no es más que un pensamiento repetitivo. Una creencia es un patrón de pensamiento crónico, y tienes la capacidad —aunque sólo hagas un pequeño intento— de iniciar un patrón nuevo para contar una historia nueva, conseguir una vibración diferente y cambiar tu punto de atracción.*

El simple de hecho de observar cuántas cosas puedes comprar en el día de hoy con los 100 dólares que llevas en el bolsillo cambiará espectacularmente tu punto de atracción respecto al dinero. Ese sencillo proceso basta para inclinar lo suficiente la balanza de tu Escala Vibratoria como para que veas resultados tangibles en tu atracción del dinero. Gasta dinero mentalmente e imagina un nuevo estilo de vida mejor. Invoca deliberadamente la sensación de libertad imaginando cómo te sentirías si tuvieras una gran suma de dinero en tu mano.

La *Ley de la Atracción* responde a tu vibración, no a la realidad que vives en estos momentos, pero si tu vibración sigue centrándose sólo en tu realidad, nada puede cambiar. *Puedes cambiar vibratoriamente tu punto de atracción visualizando el estilo de vida que deseas y prestando atención a esas imágenes hasta que empieces a sentirte mejor, lo cual indicará que se ha producido un verdadero cambio vibratorio.*

Soy yo quien fija mis propias reglas

A veces cuando tienes una actitud de escasez de dinero, crees que quieres todo lo que ves. Surge una especie de deseo incontrolado en tu interior que te tortura cuando no tienes dinero para gastar, o te provoca más sufrimiento cuando caes en la tentación y gastas lo que no tienes, endeudándote cada vez más. Pero esa necesidad de gastar dinero bajo esas condiciones, en realidad es una falsa señal, pues no viene de un verdadero deseo de poseer esas cosas. *Comprar una cosa más y llevártela a casa no satisfará ese anhelo, pues lo que sientes realmente es un vacío que sólo se puede llenar sintonizando vibratoriamente con quien-eres-realmente.*

Te sientes inseguro, cuando *quien-eres-realmente* es un ser totalmente seguro de sí mismo. Te sientes inadecuado, cuando *quien-eres-realmente* se siente adecuado. Sientes escasez, cuando quien-eres-realmente rebosa abundancia. Lo que anhelas es un cambio vibratorio, no el poder adquisitivo para comprar algo. Cuando puedes conseguir y mantener sistemáticamente tu estado de sintonización personal, fluirá mucho dinero a tu vida (si eso es lo que deseas), y es muy probable que gastes grandes sumas en las cosas que deseas, pero verás tus compras de un modo muy distinto. No sentirás que esa compra es para satisfacer una necesidad o llenar un vacío, sino que tendrás un interés sano por ese objeto, que llegará fácilmente a tu experiencia, y cada parte del proceso desde el nacimiento de la idea hasta su plena manifestación te proporcionará un sentimiento de satisfacción y felicidad.

No dejes que los demás te pongan sus reglas respecto a cuánto dinero has de tener, o lo que has de hacer con él, pues tú eres el único que puede definirlo con toda precisión. Sintoniza con quien-eres-realmente y deja que fluyan las cosas que la vida te ha enseñado que deseas.

¿Funciona «ahorrar para tener una seguridad»?

Un día un hombre nos contó que tuvo un maestro que le dijo que ahorrar para tener una seguridad era lo mismo que «planificar un desastre», y que el mero acto de intentar sentirse más seguro le conduciría a la inseguridad porque atraería el desastre no deseado. Quería saber si esa filosofía era afín a nuestras enseñanzas sobre la *Ley de la Atracción.*

Nosotros le respondimos: ese maestro tenía razón en señalar que prestarle atención a algo trae más de la esencia de ese objeto, y si te preocupas con la idea de que puede pasar algo funesto en tu futuro, el malestar que sentirás cuando pienses en esas cosas indeseadas será el indicador de que realmente estás en el proceso de atraerlas. Pero también es posible reflexionar brevemente sobre algo no deseado que puede suceder en el futuro, como una situación económica que te cree inseguridad cuando piensas en ella, lo que puede provocar que reflexiones sobre la estabilidad *económica* que *deseas.* Y cuando analizas la seguridad que deseas, es muy posible que te sientas inspirado a realizar una acción que refuerce tu seguridad.

La acción de ahorrar dinero o de invertir no es en sí misma ni negativa ni positiva, pero ese maestro tenía razón en decir que no puedes sentir seguridad desde una postura de inseguridad. *Te animamos a que utilices tu poder mental para ana-*

lizar la seguridad agradable que buscas, y que realices cualquier acción positiva cuya inspiración surja de ese lugar positivo. Todo lo que te hace sentirte bien está en armonía con lo que deseas. Todo lo que te hace sentirte mal no está en armonía con lo que deseas. Es así de sencillo.

Algunas personas dicen que no debes desear dinero porque ese deseo no es Espiritual sino materialista. Pero queremos recordaros que estáis en este mundo físico donde el Espíritu se ha materializado. Estáis aquí en vuestros cuerpos físicos, en este planeta físico donde el Espíritu y lo físico o material están unidos. *No podéis separaros de vuestro aspecto Espiritual, y mientras estéis en este cuerpo, tampoco os podréis separar de lo físico o lo material. Todas las cosas maravillosas de naturaleza física que os rodean son intrínsecamente Espirituales.*

Una nueva versión sobre la abundancia, el dinero y el bienestar económico

La *Ley de la Atracción* no responde a la realidad que estás viviendo y manteniendo, sino a los patrones vibratorios de tus pensamientos. Cuando empieces a contar la historia de quién eres —con relación al dinero— desde la perspectiva de lo que deseas en lugar de hacerlo desde lo que estás experimentando en el presente, tus patrones de pensamiento cambiarán, lo mismo que tu punto de atracción.

Lo-que-es no tiene nada que ver con lo que va a venir, a menos que sigas repitiendo la historia de lo-que-es. Pensando y hablando más de cómo quieres que sea tu vida, permites que lo que estás viviendo actualmente sea el trampolín hacia mucho más. Pero si hablas predominantemente de lo-que-es, también será un trampolín, pero hacia más de lo mismo.

Reflexiona sobre las preguntas siguientes, deja que fluyan tus respuestas naturales, y luego lee algunos ejemplos de cómo podría ser tu nueva historia respecto al dinero. Cuando lo hayas hecho, empieza a contar tu nueva y mejorada historia sobre tu imagen económica, y observa con qué rapidez y seguridad empiezan a producirse circunstancias y acontecimientos para hacerla realidad:

- ¿Tienes ahora tanto dinero como te gustaría?
- ¿Hay abundancia en el Universo?
- ¿Tienes la opción de tener mucho dinero?
- ¿Estaba decidida de antemano la cantidad de dinero que ibas a tener en esta vida?
- ¿Estás poniendo en marcha, gracias al poder de tu pensamiento actual, la cantidad de dinero que va a llegar a tu vida?
- ¿Tienes el poder de cambiar tu situación económica?
- ¿Tienes el control de tu situación económica?
- ¿Quieres más dinero?
- Sabiendo lo que sabes ahora, ¿está garantizado tu bienestar económico?

Un ejemplo de mi «vieja» historia sobre el dinero

Hay muchas cosas que me gustaría tener pero que no puedo comprar. Ahora gano más que nunca, pero parece que el dinero cunde menos. Tengo la sensación de que no puedo salir adelante.

Creo que toda mi vida me he preocupado por el dinero. Recuerdo cuánto trabajaron mis padres, la preocupación constante de mi madre por el dinero, y creo que he heredado todo eso. Pero esa no era la herencia que yo esperaba. Sé que hay muchas personas ricas en el mundo que no tienen que preocuparse por el dinero, pero no las tengo cerca. Todas las personas que conozco están luchando y les preocupa el futuro.

Observa que esta historia empieza reconociendo tu situación actual no deseada; luego pasas a justificarla; luego miras al pasado para enfatizar más el problema, que aumenta el resentimiento; después pasas a una perspectiva más amplia de la escasez que percibes. *Cuando empiezas a contar una historia negativa, la Ley de la Atracción te ayuda a conseguirlo desde tu perspectiva actual, la de tu pasado, o incluso la de tu futuro, pero persistirá el mismo patrón de escasez. Cuando le das vueltas a la escasez con una actitud de queja, estableces un punto vibratorio de atracción que sólo te permite acceder a más pensamientos de lamento tanto si te concentras en el presente, en el pasado o en el futuro.*

Tu esfuerzo deliberado por contar una historia nueva cambiará eso. Tu nueva historia creará un nuevo patrón de pensamiento, te proporcionará un nuevo punto de atracción para tu presente, respecto a tu pasado e incluso para tu futuro. El sencillo esfuerzo de ver los aspectos positivos desde donde estás ahora establecerá un nuevo tono vibratorio que no sólo influirá en cómo te sientes ahora, sino que inmediatamente empezará a atraer pensamientos, personas, circunstancias y cosas que te agraden.

Un ejemplo de mi «nueva» historia sobre el dinero

Me gusta la idea de que el dinero esté a mi alcance como el aire que respiro. Me gusta la idea de inspirar y espirar más dinero. Es divertido imaginar que me llega mucho dinero. Puedo ver cómo influyen mis sentimientos sobre el dinero en la abundancia que llega a mi vida. Me alegra entender que con la práctica puedo controlar mi actitud sobre el dinero o cualquier otra cosa. Observo que cuanto más cuento mi historia de abundancia, mejor me siento.

Me gusta saber que soy el creador de mi propia realidad, y que el dinero que fluye a mi vida está directamente relacionado con mis pensamientos. Me gusta saber que puedo adaptar la cantidad de dinero que puedo recibir adaptando mis pensamientos.

Ahora que entiendo la fórmula para crear; ahora que entiendo que obtengo la esencia de aquello en lo que pienso; y, lo más importante, ahora que entiendo que por mi estado de ánimo puedo saber si estoy centrado en el dinero o en la falta del mismo, tengo la confianza de que con el tiempo sintonizaré mis pensamientos con la abundancia, y el dinero llegará con fuerza a mi vida.

Entiendo que las personas que me rodean tienen perspectivas muy diferentes respecto al dinero, la riqueza, gas-

tar, ahorrar, la filantropía, dar dinero, recibir dinero, ganar dinero, etcétera, y que no necesito entender sus opiniones o experiencias. Me tranquiliza saber que no tengo que resolver todo eso. Es fantástico saber que lo único que he de hacer es sintonizar mis pensamientos respecto al dinero con mis propios deseos respecto al mismo, y que siempre que me siento bien es que lo he conseguido.

Sé que es normal que de vez en cuando sienta alguna emoción negativa respecto al dinero. Pero tengo la intención de dirigir rápidamente mis pensamientos en direcciones más positivas, pues es lógico que los pensamientos que me animan aporten resultados positivos.

Entiendo que el dinero no necesariamente se manifestará al momento cuando cambie mi forma de pensar, pero a raíz de mi esfuerzo deliberado de tener mejores pensamientos, espero ver una mejora constante. La primera prueba de mi sintonización con el dinero será sentirme mejor, que haya mejorado mi estado de ánimo y mi actitud; entonces no tardarán en llegar los verdaderos cambios respecto a mi situación económica. Estoy seguro de esto.

Soy consciente de la correlación total entre lo que he estado pensando y sintiendo acerca del dinero y lo que está sucediendo en mi vida. Puedo ver la prueba de la respuesta certera e irrefutable de la Ley de la Atracción a mi pensamiento, y espero más pruebas como respuesta a mis pensamientos más positivos.

Puedo sentir una gran influencia de la Energía al pensar de forma más deliberada. Creo que en muchos niveles siempre lo he sabido, y me siento bien regresando a mis creencias más profundas sobre mi poder personal y mi valía.

Vivo una vida de abundancia, y es maravilloso saber que puedo conseguir todo lo que esta vida me hace desear. Me encanta saber que soy ilimitado.

Siento un gran alivio al reconocer que no he de esperar a que se materialice el dinero o las cosas para poder sentirme mejor. Y ahora entiendo que cuando me siento mejor, las cosas, experiencias y el dinero que deseo han de llegar.

Con la misma facilidad que el aire entra en mí y sale de mí, lo mismo sucede con mi dinero. Mis deseos lo atraen y mi fluidez de pensamiento deja que salga. Entra y sale. Entra y sale. Siempre fluye. Siempre con facilidad. Todo lo que desee, cuando lo desee y tanto como desee, entra y sale.

No hay nada bueno ni malo en contar tu historia mejorada. Puede ser sobre el pasado, sobre el presente o sobre futuras experiencias. El único criterio que importa es que seas consciente de tu intención de contar una versión más positiva de tu historia. Contar muchas historias breves positivas a lo largo del día cambiará tu punto de atracción. Basta con que recuerdes que la historia que *cuentas* es el pilar de *tu* vida. De modo que cuéntala como quieres que sea.

PARTE III

Cómo mantener mi bienestar físico

Mis pensamientos crean mi experiencia física

Para la mayoría de las personas la idea del «éxito» gira en torno al dinero o a la adquisición de propiedades u otras posesiones, pero para nosotros no hay éxito más grande que la felicidad. Y aunque conseguir dinero y maravillosas posesiones pueda favorecer tu buen estado de ánimo, el logro de un cuerpo físico saludable es sin duda el factor más importante para mantener un estado de júbilo y Bienestar.

Toda tu vida la experimentas a través de la perspectiva de tu cuerpo físico, y cuando te sientes bien, todo lo que ves te parece mejor. No cabe duda de que es posible mantener una buena actitud aun cuando tienes algún problema físico, pero un cuerpo saludable es un gran pilar para mantener una buena actitud. Por lo tanto, no es de extrañar que, puesto que tu estado de ánimo influye en tus pensamientos y actitudes respecto a las cosas, que tus pensamientos y actitudes equivalen a tu punto de atracción, y que tu punto de atracción equivale a la forma en que se sigue desarrollando tu vida: *pocas cosas valen más que tener un cuerpo sano.*

Es muy interesante observar que un cuerpo sano no sólo promueve pensamientos positivos, sino que también sucede lo mismo a la inversa. Eso significa que no es necesario que goces de un perfecto estado de salud para buscar sentimientos de consuelo que al final te conducirán a una actitud o estado de ánimo maravilloso, pues si de algún modo puedes hallar consuelo cuando te duele el cuerpo o está enfermo, notarás una mejoría, porque tus pensamientos crean tu realidad.

Quejarse de las quejas también es quejarse

Muchas personas se quejan de que es fácil ser optimista cuando eres joven y tienes buena salud, pero que es muy difícil serlo cuando eres viejo o estás enfermo... Pero nosotros nunca fomentamos que se utilice la edad o el mal estado de salud actual, pues ese pensamiento limitador obstaculiza la mejoría o la recuperación.

La mayoría de las personas no tienen ni idea del poder de sus pensamientos. No se dan cuenta de que, a medida que van encontrando razones para quejarse, están bloqueando su propio bienestar físico. Muchas no se dan cuenta de que antes de quejarse de que les duele el cuerpo o de que padecen una enfermedad crónica, se han quejado de muchas otras cosas. No importa si el objeto de tu queja es una persona con la que estás enfadado/a, alguien que te ha traicionado, conductas de otros que te parecen incorrectas o algún problema físico: quejarse es quejarse y eso obstaculiza la recuperación.

De modo que, tanto si te sientes bien y estás buscando la manera de mantener ese estado positivo como si tu cuerpo físico padece algún problema y estás intentando recuperarte, el proceso es el mismo: *aprende a dirigir tus pensamientos hacia las cosas que te hacen sentirte bien, y descubre el poder que llega sólo cuando has sintonizado con la Fuente.*

A medida que vayas leyendo este libro, recordarás cosas que ya sabías desde antes de nacer, y oirás el eco de esas *Leyes* y procesos que te conferirán poder personal. Entonces, lo único que te hará falta para triunfar y mantener un cuerpo saludable y alegre es prestar algo de atención deliberada a tus pensamientos y emociones y el deseo sincero de sentirte bien.

Me siento bien en mi cuerpo

Si no te sientes bien o no tienes el aspecto que te gustaría, tu cuerpo tiene la forma de trasladar eso al resto de aspectos de tu existencia, y esta es la razón por que hacemos hincapié en la importancia de que recuperes tu equilibrio y bienestar físico. No hay nada en el Universo que responda con mayor rapidez a tus pensamientos que tu cuerpo, por eso los pensamientos sintonizados aportan una respuesta rápida y resultados obvios.

En realidad, tu bienestar físico es una de las cosas más sencillas sobre las que puedes tener el control absoluto, pues es lo que *estás* haciendo respecto a *ti*. Sin embargo, como en este mundo lo interpretas todo a través de la lente de tu estado de salud físico, si no estás equilibrado, te puede afectar negativamente en muchos otros aspectos de tu vida, aparte del puramente físico.

Nunca tienes más claro que deseas estar sano y encontrarte bien que cuando estás enfermo y te encuentras mal, así que la experiencia de estar enfermo es un poderoso trampolín para desear el bienestar. En el momento en que tu enfermedad ha hecho que pidieras encontrarte bien, si pudieras dirigir toda tu atención hacia la idea de estar bien, la recuperación se produciría de inmediato; pero para la mayoría de las personas cuando se sienten mal, es *ese* malestar lo que acapara su atención. *Cuando estás enfermo es lógico que observes cómo te encuentras, y al hacerlo, prolongas la enfermedad... pero no ha sido tu atención a la falta de salud lo que te ha enfermado. Ha sido tu atención a la falta de muchas de las cosas que deseas.*

La atención crónica a las cosas no deseadas te mantiene en una postura que obstaculiza tu bienestar físico, a la vez que no permite soluciones para los otros temas que te preocupan. *Si pudieras centrar tu atención en la idea de experimentar el bienestar físico con tanta pasión como la que pones cuando falta ese bienestar, tu recuperación no sólo se produciría rápidamente, sino que también mantendrías con facilidad tu bienestar y equilibrio físico.*

No son las palabras las que enseñan, sino la experiencia de la vida

Dedicarte sólo a escuchar palabras, aunque sean perfectas y expliquen con exactitud grandes verdades, no aporta conocimiento, pero la combinación de palabras acertadas con la experiencia de la vida que siempre coincide con las Leyes del Universo, sí aporta conocimiento. Esperamos que cuando leas este libro y vivas tu vida, consigas un entendimiento completo de cómo funcionan todas las cosas en tu experiencia, y que consigas el control total de todos los aspectos de tu existencia, especialmente en lo que respecta a tu propio cuerpo.

Quizá tu condición física sea exactamente como deseas. Si ese es el caso, sigue considerando tu cuerpo tal como es, siente aprecio por los aspectos que te agradan, y lo mantendrás en ese estado. Pero si te gustaría hacer cambios, tanto si son de aspecto como de energía o bienestar, sería muy valioso que empezaras a contar una nueva historia, no sólo respecto a tu cuerpo, sino respecto a todas las cosas que te han estado preocupando. A medida que empieces a enfocarlo positivamente, que comiences a sentirte bien respecto a muchos otros temas que te apasionan, verás que el poder del Universo —el poder que crea los mundos— fluye a través de ti.

Tú eres el único que puede crear en tu experiencia, nadie más puede hacerlo por ti. Todo lo que llega a ti llega por el poder de tu pensamiento.

Cuando te concentras durante el tiempo suficiente para sentir la pasión, cobras más fuerza y consigues mejores resultados. El resto de los pensamientos, aunque importantes y con potencial creativo, en general están para mantener lo que ya has creado. Por eso, muchas personas siguen manteniendo experiencias físicas no deseadas simplemente ofreciendo pensamientos persistentes; es decir, sin fuerza, que no van acompañados de una emoción intensa. Simplemente continúan contando las mismas historias sobre las cosas que les parecen injustas, o con las que no están de acuerdo y no desean, y con ello perpetúan situaciones no deseadas. *La simple intención de contar historias que te ayuden a sentirte mejor respecto a todas las cosas en las que pones tu atención tendrá una gran repercusión en tu cuerpo físico. Pero como las palabras no enseñan, te sugerimos que intentes contar otra historia diferente durante un tiempo y observes por ti mismo qué es lo que pasa.*

La *Ley de la Atracción* expande todos mis pensamientos

La *Ley de la Atracción* dice: *Todo objeto atrae la esencia de lo que se asemeja a él.* En otras palabras, lo que piensas en cada momento atrae otros pensamientos similares. Esta es la razón por la que cuando piensas en algo desagradable, atraes rápidamente más pensamientos afines respecto a eso. Sin darte cuenta, no sólo estás experimentando lo que vives en estos momentos, sino que recurres al pasado para obtener más datos que coincidan con esa vibración, y entonces, por la *Ley de la Atracción,* a medida que se expande proporcionalmente tu pensamiento negativo, también lo hace tu emoción negativa.

Pronto te das cuenta de que estás hablando del tema con otros, y que *éstos* añaden sus comentarios, muchas veces también recurriendo a *su* pasado… hasta *que, sin darte cuenta, atraes más datos que apoyan tu opinión sobre el tema en el que has estado reflexionando durante bastante tiempo, y que harán que se manifieste la esencia de ese pensamiento.*

Es normal que sabiendo lo que no quieres, puedas aclarar lo que quieres; no tiene nada de malo identificar un problema antes de empezar a buscarle una solución. Pero, muchas veces, con el tiempo las personas se preocupan más por los problemas que por las soluciones, y en su examen y explicación de la situación, siguen fomentando el conflicto.

De nuevo, contar una historia diferente tiene mucho valor: cuenta una historia centrada en una solución en lugar de hacerlo en el problema. Si esperas a enfermar antes de empezar a centrarte positivamente, te va a costar mucho más que empezar a contar una historia de Bienestar cuando te sientes bien... pero, en cualquier caso, tu nueva historia, con el tiempo te aportará otros resultados. *Todo objeto atrae la esencia de lo que se asemeja a él, así que cuenta la historia que quieres vivir, y acabarás viviéndola.*

Muchas personas que ya están enfermas creen que no pueden recuperarse porque su enfermedad les ha robado toda su atención, y les preocupa que esa actitud siga alimentando su padecimiento. Estamos de acuerdo. Eso sería correcto si sólo tuvieran la capacidad para pensar en *lo-que-es* en este momento. Pero como es posible pensar en otras cosas diferentes a lo que está sucediendo en el presente, todo puede cambiar. Sin embargo, no te puedes concentrar en los problemas actuales y cambiar. Te has de concentrar en los resultados positivos para conseguir algo diferente.

La Ley de la Atracción responde a tus pensamientos, no a tu realidad actual. Cuando cambias de pensamiento, tu realidad ha de seguir sus pasos. Si en estos momentos las cosas te van muy bien, concentrarte en lo que te está sucediendo hará que te sucedan más cosas buenas, pero si las cosas no te van bien, has de encontrar la manera de apartar tu atención de lo que no te gusta.

Tienes la capacidad de enfocar tu pensamiento —en ti, en tu cuerpo, y en las cosas que te importan— en una dirección diferente de lo que está sucediendo ahora. Puedes imaginar lo que va a suceder, o recordar cosas que han sucedido con anterioridad, y cuando lo haces, el intento deliberado de buscar mejores pensamientos puede cambiar rápidamente tus patrones de pensamiento, tu vibración, y al final... tu experiencia de la vida.

15 minutos para mi bienestar intencionado

No es fácil imaginar que tienes un pie sano cuando te duele el dedo gordo, pero es muy eficaz hacer todo lo posible para distraerte de ese dolor. No obstante, los momentos de gran malestar físico no son los mejores para intentar visualizar el bienestar. Lo mejor es intentarlo cuando el malestar remite del todo o en parte. En otras palabras, si la mayor parte del día te sientes bien, elige esos momentos para la visualización de tu nueva historia. Si te encuentras mejor después de darte un largo baño de agua caliente, elige ese momento para visualizar tu historia.

Dedica unos 15 minutos al día a cerrar los ojos e interiorizarte, para alejar tu conciencia de *lo-que-es*. Busca un lugar tranquilo donde no te distraiga nadie e imagínate en un estado de gran bienestar físico. Imagínate caminando con brío, respirando profundamente y disfrutando del aroma del aire que respiras. Imagínate caminando con brío por una suave pendiente y sonriendo al darte cuenta de tu resistencia. Visualízate doblándote hacia delante, haciendo estiramientos y disfrutando de tu flexibilidad.

Tómate tu tiempo para explorar escenarios agradables con la única intención de disfrutar de tu cuerpo y apreciar su fortaleza, resistencia, flexibilidad y belleza. *Cuando visualizas por puro placer, en lugar de hacerlo con la intención de corregir alguna deficiencia, tus pensamientos son más puros, y por ende, más poderosos. Cuando visualizas superar algo que no va bien, tus pensamientos quedan diluidos por la influencia de la escasez.*

A veces las personas explican que han tenido deseos durante mucho tiempo y que no se han manifestado, y arguyen que la *Ley de la Atracción* no les ha funcionado, pero eso se debe a que han estado pidiendo mejorar desde la postura de ser conscientes de la escasez de lo que desean. Necesitas un tiempo para reorientar tus pensamientos a fin de poder enfocarlos en lo que realmente deseas, pero transcurrido un tiempo te resultará totalmente natural este nuevo enfoque. Al final, será tu nueva historia la que te resulte más fácil de contar.

Si dedicas un tiempo a imaginarte positivamente tu cuerpo, predominarán esos pensamientos agradables, y tu estado físico tendrá que ajustarse a ellos. Si sólo te centras en tu estado actual, no cambiará nada.

Imagina, visualiza y verbaliza tu nueva historia; con el tiempo te la *creerás*, y cuando suceda eso, pronto llegarán pruebas a tu vida. Una creencia es un pensamiento continuado; cuando tus creencias coinciden con tus deseos, éstos se hacen realidad.

No se interpone nada entre ti y lo que deseas que no sean tus propios patrones de pensamiento. No hay cuerpo físico, independientemente de cuál sea su estado de deterioro o sus condiciones, que no pueda mejorar. No hay nada en tu experiencia de la vida que responda con mayor rapidez a tus patrones de pensamiento.

No estoy supeditado a las creencias de los demás

Con un poco de esfuerzo en la dirección correcta, conseguirás resultados notables, y con el tiempo, recordarás que puedes ser, hacer o tener todo aquello en lo que te concentres y con lo que sintonices vibratoriamente.

Viniste a este cuerpo y a este mundo físico desde tu perspectiva No-Física, y tenías muy clara tu intención de estar aquí. No definiste todos los detalles de tu experiencia física antes de venir, pero sí marcaste unas intenciones claras respecto a la vitalidad de tu cuerpo a través del cual crearías tu experiencia de la vida. Te entusiasmaba estar aquí.

Cuando llegaste a tu pequeño cuerpo de bebé, estabas más cerca del Mundo Interior que del físico, y tu sensación de Bienestar y fortaleza era muy fuerte, pero a medida que fue pasando el tiempo y te concentraste más en tu mundo físico, empezaste a observar a los demás que ya habían perdido su Conexión con el Bienestar, y poco a poco éste se fue desvaneciendo.

Es posible nacer en este mundo físico y seguir manteniendo tu Conexión con *quien-eres-realmente* y con tu Bienestar total; no obstante, para la mayoría de las personas no es así una vez que se han centrado en su realidad tiempo-espacio. La principal razón para la desaparición de tu conciencia de Bienestar personal es la exigencia de complacer a quienes te rodean. *Aunque tus padres y maestros en general sean personas bienintencionadas, están más interesadas en que encuentres la forma de complacerles que en que encuentres la forma de complacerte a ti mismo. Así, en el proceso de socialización, casi todas las personas de casi todas las sociedades se desvían de su camino porque se sienten coaccionadas o forzadas a no escuchar su Sistema de Guía.*

La mayoría de las sociedades exigen que tu prioridad sea actuar. Rara vez se fomenta la sintonización vibratoria o tu Conexión con tu Mundo Interior. Al final, casi todas las personas acaban sintiéndose motivadas por la aprobación o desaprobación de los demás, y de este modo realizan la acción que es más respetada por los que observan sus vidas, pierden su sintonización, y entonces se desvaloriza todo lo que implica a su experiencia.

Pero tenías muchas ganas de nacer en un mundo físico con semejante variedad porque entendías el valor que tenía el contraste a raíz del cual forjarías tu experiencia. Sabías que desde tu experiencia preferirías la variedad de opciones que estarían a tu disposición.

Cuando sabes lo que *no quieres,* entiendes con mayor claridad lo que *quieres.* Pero hay mucha gente que da ese primer paso de identificar lo que *no desea,* y en lugar de orientarse hacia lo que desea y sintonizar vibratoriamente con ello, prefiere continuar hablando de lo que no quiere, y con el tiempo se apaga su vitalidad.

* * *

Hay tiempo suficiente para conseguirlo

Cuando no entiendes el poder del pensamiento y no haces nada por sintonizarlo para sentir su fuerza, tienes que resignarte a crear a través del poder de tu acción, que, en comparación, no es gran cosa. Por eso, si te has esforzado mucho para tener algo y no lo has conseguido, con frecuencia te decepcionas o te consideras incapaz de lograr nada. Algunas personas creen que no tienen bastante tiempo para ser, hacer y tener aquello con lo que han soñado. Pero queremos que entiendas que si dedicas un tiempo a sintonizar deliberadamente con la Energía que crea los mundos, gracias a que puedes enfocar tus pensamientos descubrirás una palanca que te ayudará a conseguir rápidamente las cosas que antes te parecían imposibles.

No hay nada que no puedas ser, hacer o tener cuando has sintonizado en la medida necesaria; y cuando lo consigues, tu propia vida te dará pruebas de tu sintonización. Antes de que las cosas se manifiesten, tu prueba de sintonización llegará en la forma de una emoción positiva y agradable; entonces serás capaz de serte fiel a ti mismo mientras las manifestaciones de las cosas que deseas se ponen en camino. La *Ley de la Atracción* dice: *Todo objeto atrae la esencia de lo que se asemeja a él. Sea cual sea tu estado de ser —tu estado de ánimo—, estás atrayendo su esencia.*

Querer o desear algo siempre es agradable cuando crees que puedes conseguirlo, pero desear con dudas es muy desagradable. Queremos que entiendas que querer algo y creer que lo puedes conseguir es un estado de armonía, mientras que desear algo y creer que no lo puedes conseguir es un estado de desarmonía.

Desear y creer es armonía.

Desear y tener expectativas es armonía.

Esperar algo no deseado no es armonía.

Puedes *sentir* tu armonía o desarmonía.

¿Por qué quiero condiciones físicas perfectas?

Aunque te parezca extraño, no podemos empezar a hablar de tu cuerpo físico sin referirnos a tus raíces No-Físicas y a tu Conexión Eterna con ellas, porque tú, en tu cuerpo físico, eres una extensión de ese *Ser Interior*. Dicho de una forma muy sencilla, para conseguir el máximo estado de salud y Bienestar has de sintonizar vibratoriamente con tu *Ser Interior,* para lo cual has de ser consciente de tus emociones y sentimientos.

Tu estado de bienestar físico está directamente relacionado con tu armonía vibratoria con tu *Ser Interior* o Fuente, lo que significa que cada uno de tus pensamientos respecto a cada tema puede afectar positiva o negativamente a esa Conexión. No es posible tener un buen estado de salud física sin ser muy consciente de tus emociones y tener la determinación de dirigir tus pensamientos hacia temas que te ayuden a sentirte bien.

Cuando recuerdas que sentirte bien es algo natural y haces un esfuerzo por encontrar los aspectos positivos de los temas sobre los que estás reflexionando, estás entrenando a tus pensamientos para que coincidan con los de tu Ser Interior, y eso supone una gran ventaja para tu cuerpo físico. Cuando tus pensamientos son buenos habitualmente, tu cuerpo físico prospera.

Como es natural, existe una amplia gama de emociones —desde las muy malas hasta las muy buenas—, pero en todo momento, debido a aquello en lo que estés concentrado, *sólo tienes dos opciones respecto a tus emociones: la de sentirte mejor o la de sentirte peor.* Así que podrías decir con toda precisión que tan sólo hay dos emociones, y cuando escoges deliberadamente la de sentirte bien, estás utilizando correctamente tu *Sistema de Guía*. Si lo haces, al cabo de un tiempo sintonizarás con la frecuencia exacta de tu *Ser Interior,* y entonces tu cuerpo mejorará.

Puedo confiar en mi *Ser Interior* Eterno

Tu *Ser Interior* es la *Fuente* o parte de ti que continúa evolucionando a lo largo de las miles de experiencias de vida que vives. Con cada experiencia de tamizar u ordenar, tu Fuente interior siempre elige los mejores sentimientos que encuentra en ese momento, lo que significa que tu *Ser Interior* siempre está corrigiendo su rumbo hacia el *amor*, la *felicidad* y todo lo que es bueno. Esa es la razón por la que, cuando eliges amar a otro, o a ti mismo, en lugar de encontrar faltas, te sientes bien. El bienestar es la confirmación de que has sintonizado con tu Fuente. Cuando eliges pensamientos que no están en armonía con la Fuente, y se produce una respuesta de *miedo, rabia* o *celos,* esos sentimientos indican que te has desviado de la frecuencia vibratoria de la Fuente.

La Fuente nunca se aparta de ti, sino que te ofrece una vibración constante de Bienestar, de modo que cuando sientes una emoción negativa, significa que estás obstaculizan-do tu acceso vibratorio a la Fuente y a la Corriente de Bienestar. Cuando empiezas a contar historias agradables sobre tu cuerpo, tu vida, tu trabajo y las personas que te rodean, consigues una Conexión firme con esa Corriente de Bienestar que siempre fluye hacia ti. Y cuando enfocas las cosas que deseas con una emoción positiva, accedes al poder que crea mundos y fluyes hacia el objeto de tu atención.

¿Qué papel desempeña el pensamiento en los traumatismos?

Jerry: ¿Se producen los traumatismos de la misma manera que se producen las enfermedades y se pueden resolver a través del pensamiento? ¿Son como una interrupción debida a un incidente momentáneo, o se deben a una larga serie de pensamientos que han conducido a ellos?

Abraham: Tanto si el traumatismo de tu cuerpo parece que se ha producido de repente a raíz de un accidente como si se debe a una enfermedad como el cáncer, has creado la situación con tu pensamiento, y la curación también se producirá a través de éste.

Los pensamientos crónicos de *comodidad* promueven el bienestar, mientras que los pensamientos crónicos de *estrés, resentimiento, odio* o *miedo* promueven enfermedad, pero tanto si el resultado se produce de repente (como si te caes y te rompes los huesos) como más despacio (como en el caso del cáncer), *la experiencia que estés viviendo coincidirá con la tendencia de tus pensamientos.*

Cuando hayas experimentado una reducción de tu Bienestar, tanto si se ha manifestado con huesos rotos como a través de una enfermedad interna, no es probable que de pronto encuentres pensamientos agradables que coincidan con los de tu *Ser Interior*. En otras palabras, si antes de tu accidente o enfermedad no habías estado eligiendo pensamientos que sintonizaran con el Bienestar, no es probable que en los momentos en los que te enfrentas al malestar o a un diagnóstico alarmante encuentres enseguida esa armonía.

Es mucho más sencillo conseguir una salud excelente desde una salud moderada que desde una mala salud. No obstante, puedes llegar hasta donde quieras desde donde estás si eres capaz de distraer tu atención de los aspectos indeseados de tu vida y enfocar los más placenteros. Es cuestión de enfoque.

A veces un diagnóstico alarmante o una lesión grave son un poderoso catalizador para que centres más deliberadamente tu atención en las cosas que te ayudan a sentirte bien. De hecho, algunos de nuestros mejores alumnos de la Creación Deliberada son personas a las que les han diagnosticado alguna enfermedad terminal y que les han dicho que no tenían salvación, y ahora (puesto que no tienen otras opciones) están empezando a dirigir deliberadamente sus pensamientos.

Es interesante ver cuántas personas no hacen lo que realmente funciona hasta que no tienen otras opciones, pero entendemos que os habéis acostumbrado a un mundo orientado a la acción, y que para la mayoría ésta parece ser la primera y mejor elección. *No os estamos incitando a que os apartéis de la acción, sólo os animamos a que procuréis tener pensamientos más positivos, y que luego siga la acción que os sintáis inspirados a realizar.*

¿Se puede curar vibratoriamente una enfermedad congénita?

Jerry: ¿Se puede curar una enfermedad congénita —algo que la persona traía en el momento de nacer— mediante el pensamiento?

Abraham: Sí. Puedes llegar a tu meta desde cualquier lugar. Si entendierais que el lugar donde os encontráis ahora sólo es el trampolín para lo que ha de venir, avanzaríais con rapidez (incluso en situaciones dramáticas no deseadas) hacia las cosas que os gustan.

Si esta experiencia de la vida contiene datos que provocan que tengáis un deseo, entonces los medios para conseguirlo estarán a vuestro alcance. Pero tenéis que fijar claramente dónde queréis estar —no donde estáis ahora—, o no podréis avanzar hacia vuestro deseo. Sin embargo, no podéis crear fuera de vuestras creencias.

¿Por qué aparecen y desaparecen las grandes enfermedades?

Jerry: En mi juventud había grandes enfermedades (tuberculosis y polio) de las que ahora se oye hablar muy poco. Pero no nos faltan enfermedades, porque actualmente tenemos las cardiovasculares y el cáncer, de las que antiguamente apenas oíamos hablar. En aquellos tiempos, la sífilis y la gonorrea aparecían siempre en las noticias. Tampoco se oye hablar de ellas, pero ahora el sida y el herpes ocupan las primeras planas. ¿Por qué siempre parecen surgir enfermedades nuevas? Se van descubriendo tratamientos para curarlas, pero ¿por qué no acabamos con las enfermedades?

Abraham: Debido a vuestra atención a la escasez. Los sentimientos de impotencia y vulnerabilidad producen más razones para que os sintáis impotentes y vulnerables. No podéis dedicaros a conquistar la enfermedad sin prestarle atención. Pero también es muy importante que entendáis que buscar curas para las enfermedades, aunque las encontréis, es un proceso corto de miras y que a largo plazo resulta ineficaz, porque, tal como has señalado, siempre aparecen nuevas enfermedades. *Cuando empecéis a buscar y a comprender las causas vibratorias de las enfermedades en lugar de buscar las curas, las enfermedades remitirán. Cuando podáis conseguir deliberadamente una emoción de tranquilidad con su correspondiente sintonización vibratoria, podréis vivir libres de enfermedades.*

La mayor parte de las personas pasan muy poco tiempo disfrutando de un aprecio por el bienestar que experimentan en el presente, y esperan a estar enfermas para centrar su atención en la recuperación. Los pensamientos agradables producen y mantienen el bienestar físico. Vivís en una época muy agitada y encontráis muchas razones para alteraros y preocuparos; y con ello perdéis vuestra armonía y el resultado es la enfermedad. Entonces os centráis en la enfermedad y la perpetuáis. Pero podéis romper el ciclo en cualquier momento. No tenéis que esperar a que vuestra sociedad lo entienda para conseguir un maravilloso bienestar físico por vosotros mismos. *Vuestro estado natural es el bienestar.*

He sido testigo de la curación espontánea de mi propio cuerpo

Jerry: En una etapa muy temprana de mi vida fui consciente de que el cuerpo se sana con rapidez. Si me hacía un corte o un arañazo, casi podía ver cómo se curaba delante de mis propios ojos. Al cabo de cinco minutos comprobaba que había comenzado la curación, y entonces, en muy poco tiempo, la herida quedaba totalmente curada.

Abraham: Tu cuerpo está compuesto por células inteligentes que siempre procuran regularse, y cuanto mejor te sientes, menos interfieres vibratoriamente en el reequilibrio celular. Si te centras en las cosas que te preocupan, las células de tu cuerpo encuentran un obstáculo en su proceso natural de reequilibrarse, y cuando se ha diagnosticado la enfermedad y centras tu atención en ella, la interferencia es mayor.

Puesto que las células de tu cuerpo saben lo que tienen que hacer para equilibrarse, puedes encontrar la manera de centrar tu atención en pensamientos agradables, así detendrás la interferencia negativa y llegará la recuperación. Toda enfermedad es provocada por una discordia o resistencia vibratoria, siempre sin excepción, y puesto que la mayoría de las personas no son conscientes de la discordancia de sus pensamientos antes de la enfermedad (en general, no se esfuerzan mucho por practicar pensamientos positivos), cuando ya se ha manifestado la enfermedad es muy difícil encontrar pensamientos puros y positivos.

Si pudieras entender que los únicos que crean la resistencia que impide el bienestar son tus pensamientos —y que puedes enfocarlos en una dirección más positiva—, tu recuperación podría ser muy rápida. No importa de qué enfermedad se trate, ni cuánto haya progresado, la pregunta es: *¿Puedes enfocar positivamente tus pensamientos sea cual sea tu condición?*

Generalmente, llegado a este punto alguien pregunta: «¿Qué pasa con los recién nacidos?» No supongáis que porque un bebé todavía no hable, no piensa y no está emitiendo una vibración. Existen unas influencias tremendas para el bienestar y la enfermedad de un bebé cuando todavía está en el vientre de la madre o acaba de nacer.

¿Conservaré el Bienestar si me concentro en él?

Jerry: He visto cómo se curaba mi cuerpo, y puesto que esa curación se ha producido ante mis ojos, tengo la certeza de que ocurrirá. Pero ¿cómo podemos llegar a *saber* que se curarán *todas* las partes del cuerpo? La gente parece temer más por esas partes que no se ven, las que se ocultan en el interior del cuerpo.

Abraham: Es maravilloso ver los resultados de tus pensamientos de una manera tan obvia; al igual que tu herida o enfermedad es la prueba de una falta de sintonización, su curación o el bienestar es la prueba de lo contrario. *La tendencia hacia el bienestar es mucho más fuerte que la tendencia a la enfermedad, y esa es la razón por la que incluso aunque tengáis algunos pensamientos negativos, la mayoría estáis bien.*

Habéis llegado a creer que vuestras heridas sanarán, lo cual es una tremenda ayuda en el proceso de curación, pero cuando la enfermedad no se puede ver —cuando tenéis que confiar en la exploración de vuestro médico que utiliza sus pruebas médicas o equipos para buscar información—, a menudo os sentís impotentes y tenéis miedo, lo cual no sólo retrasa el proceso de curación sino que también es una fuerte razón para que se genere alguna enfermedad. Muchas personas se sienten vulnerables respecto a las partes de su cuerpo que no pueden ver, y ese sentimiento de vulnerabilidad es un fuerte catalizador para que la enfermedad perdure.

La mayoría de las personas que van al médico cuando se encuentran mal, preguntan si les pasa algo, y cuando buscas algo malo, generalmente lo encuentras. *La <u>Ley de la Atracción</u>*

insiste en ello. No cabe duda de que la búsqueda constante de problemas en tu cuerpo acabará produciendo alguna prueba de que algo no va bien, no porque hubiera estado acechando todo el tiempo y al final hayas podido probarlo, sino porque el pensamiento repetitivo al final crea su equivalente.

* * *

¿He de ir al médico cuando sienta que debo hacerlo?

Abraham: Hay muchas personas que no están de acuerdo con nuestra perspectiva diciéndonos que somos irresponsables al no recomendar que os hagáis revisiones médicas con regularidad para descubrir posibles problemas o condiciones que podrían desembocar en una enfermedad. Pero como entendemos el poder de vuestros pensamientos, también os decimos que si ir al médico os da tranquilidad, no dudéis en hacerlo.

De hecho, algunas veces cuando esperáis encontraros problemas y no los encontráis, os sentís mejor. Pero, en general, buscar repetidamente algún posible problema, con el tiempo acaba creándolo. En realidad es así de sencillo. No os estamos diciendo que la medicina sea mala o que no sea necesario ir al médico. La medicina, los médicos y todas las profesiones relacionadas con la salud, no son ni buenas ni malas en sí mismas, son lo valiosas que vuestras vibraciones les permiten ser.

Os aconsejamos que prestéis atención a vuestro equilibrio emocional, que intentéis deliberadamente encontrar mejores pensamientos, y que los practiquéis hasta que se os resulten normales... y, con ello, primero estaréis cuidando vuestra armonía vibratoria, y luego podréis seguir con cualquier acción que os sintáis inspirados a realizar. Es decir, ir al médico —o cualquier acción encaminada hacia cualquier objetivo—, cuando va acompañada de *felicidad, amor* o una emoción agradable, siempre es valiosa; mientras que la acción motivada por el *miedo,* la *vulnerabilidad* o cualquier emoción negativa, nunca es provechosa.

Vuestro bienestar físico, al igual que todo lo demás, está muy influenciado por vuestras *creencias.* Por lo general, cuando eres más joven, tus expectativas de bienestar son más fuertes, pero a medida que envejeces degeneras en una especie de escala descendente que refleja lo que ves en los que te rodean. Y tu observación no es desacertada. *Las personas mayores suelen tener más enfermedades y menos vitalidad. Pero la razón de ese declive de las personas cuando envejecen no es que sus cuerpos físicos estén programados para descomponerse con el tiempo, sino que cuanto más viven, más razones encuentran para alarmarse y preocuparse, lo que provoca una resistencia a su Corriente natural de Bienestar. La enfermedad está relacionada con la resistencia que ofrecemos a las cosas, no con la edad.*

¿Euforia en las fauces del león?

Jerry: He oído que un hombre famoso, el doctor Livingstone, cuando estaba en África fue atacado por un león que le arrastró cogiéndolo entre sus fauces. Contó que había entrado en una especie de estado de euforia y que no había sentido dolor.

He visto presas quedarse flácidas cuando están a punto de ser devoradas por un depredador. Es como una rendición y un reconocimiento de que la lucha ha terminado. Pero mi pregunta es respecto a su declaración de que no sintió dolor: ¿Fue lo que él denominó euforia un estado mental o una condición física? ¿Y es algo que sólo sucede en condiciones extremas como cuando vas a ser devorado o te van a matar, o lo puede utilizar cualquier persona que tenga que enfrentarse a algo doloroso para no sentir el dolor?

Abraham: En primer lugar te diremos que no se puede separar con precisión lo físico de lo mental, que es lo que procede de tu *Ser Interior* o Superior. En otras palabras, eres un Ser que está centrado en lo físico, *sí;* y eres un Ser mental y pensante, *sí;* pero la Fuerza Vital o Energía que procede de tu interior se transmite desde una Perspectiva Más Amplia. En semejante situación es probable que no te recuperes, es decir, cuando el león te tiene entre sus fauces (por lo general, va a ser *él* quien gane), *tu Ser Interior interviene y ofrece un flujo de Energía que recibirás en forma de estado de euforia.*

No has de esperar a estar en una situación tan crítica para acceder a la Corriente de Bienestar, pero la mayoría de las personas no acceden a ella hasta que no tienen otra opción. Elegiste acertadamente tus palabras al decir que había una rendición que permitía que esa Corriente de Bienestar fluyera con fuerza. Pero queremos que entiendas que lo que en realidad se «rindió» fue la *lucha,* la resistencia, no el *deseo* de seguir viviendo en este cuerpo físico. Cuando analizas ciertas situaciones, has de tener todo esto en cuenta. Una persona con menos entusiasmo por la vida, menos determinación de vivir y de seguir consiguiendo metas, bien podría haber experimentado un resultado diferente y haber muerto devorado por el león. *Todo lo que experimentas está relacionado con tu equilibrio mental entre tus deseos y tus expectativas.*

La actitud de *permitir* se ha de practicar en las situaciones del día a día, no cuando te ataca un león. Pero incluso cuando te encuentras en una situación tan crítica, siempre es el poder de tus intenciones lo que crea el resultado. Practicar la sintonización —que llega gracias a pensamientos agradables— es el camino hacia la libertad. El sufrimiento sólo es un indicador más intenso de la resistencia que opones. Primero hay una emoción negativa, luego más emociones negativas, y muchas más emociones negativas (tienes mucha libertad para ello), luego la sensación, y por último, el sufrimiento.

Nosotros les decimos a nuestros amigos físicos: si tenéis una emoción negativa y no os dais cuenta de que es un indicador de un pensamiento de resistencia y no hacéis nada para corregirlo, por la *Ley de la Atracción* ese pensamiento se hará más fuerte. Si seguís sin intentar sintonizar con mejores pensamientos, seguirá aumentando, hasta que llegaréis al sufrimiento, a que se manifieste una enfermedad, o aparezca algún otro indicador de la resistencia que oponéis.

¿Cómo puede una persona que padece dolor dirigir su atención a otra cosa?

Jerry: Vale, os he oído decir que para autocurarnos hemos de apartar nuestros pensamientos del problema y centrarnos en lo que deseamos. Pero si estamos sufriendo, ¿cómo podemos dejar de sentir el dolor? ¿Cómo podemos alejar nuestra atención del dolor el tiempo suficiente para concentrarnos en lo que deseamos?

Abraham: Tienes razón. Es muy difícil no pensar en el dedo gordo del pie cuando te está doliendo. La mayoría no pensáis en lo que *queréis* hasta que estáis viviendo lo que *no* deseáis. La mayor parte de las personas pasan sus días a la deriva, sin tener ningún pensamiento consciente. Como no entendéis el poder del pensamiento, generalmente, no emitís ningún pensamiento deliberado hasta que os enfrentáis a lo que no queréis. Entonces, cuando os enfrentáis con algo no deseado, lo atacáis con fuerza. Luego le prestáis vuestra atención, lo que —conociendo la *Ley de la Atracción,* como la conocemos nosotros— no hace más que empeorar las cosas... Por eso os animamos a *buscar los momentos (segmentos) en los que no sintáis ese dolor tan intenso, para concentraros en el Bienestar.*

Has de encontrar la manera de separar lo que te está sucediendo de tu respuesta emocional a ese suceso. Es decir, puedes sentir dolor en tu cuerpo y tener *miedo* mientras lo sientes, o puedes tener dolor y sentir *esperanza.* El dolor no dictamina tu actitud o tus pensamientos. Se puede pensar en otra cosa que no sea el dolor. Y si puedes conseguirlo, con el tiempo el dolor desaparecerá. No obstante, si cuando hay dolor le prestas toda tu atención, sólo conseguirás seguir manteniendo lo que no deseas.

Una persona que se haya estado preocupando negativamente por diversos temas y que *ahora* está sufriendo, tiene que superar el dolor *y* mirar adelante positivamente. Como has visto, tu patrón negativo de pensamiento provocó la enfermedad, y cambiar de golpe a la actitud positiva que se requeriría para permitir el bienestar es casi imposible, porque en estos momentos has de lidiar con el dolor o la enfermedad, o ambas cosas. *El bienestar preventivo es mucho más fácil de conseguir que el bienestar correctivo, pero en cualquier caso, la clave es tener pensamientos más positivos, pensamientos que proporcionen cada vez más consuelo.*

Incluso en una situación de dolor intenso, hay momentos de mayor o menor malestar. Elige los momentos en que te encuentres mejor para encontrar aspectos positivos y elegir mejores pensamientos. Si continúas buscando pensamientos que te proporcionen consuelo emocional, esa tendencia positiva siempre acabará reconduciéndote al Bienestar.

El Bienestar es mi estado natural

Abraham: En esencia eres bondad y Bienestar, y si experimentas menos que eso, en tu interior habrá una vibración de resistencia. La *resistencia* se debe a que te preocupas por la ausencia de lo que deseas… La *permisión* se debe a que te concentras en lo que deseas… La *resistencia* se debe a pensamientos que no coinciden con la perspectiva de tu Fuente… La *permisión* se experimenta cuando tus pensamientos actuales coinciden con la perspectiva de tu Fuente.

Tu estado natural es el bienestar, la salud integral, unas condiciones físicas perfectas, y si experimentas otra cosa, sólo se debe a que la balanza de tus pensamientos se inclina hacia la ausencia de lo que deseas, en lugar de hacerlo hacia lo que deseas.

La principal causa de una enfermedad es la resistencia, y es tu oposición a ella la que la mantiene cuando ya se ha manifestado. Tu atención hacia lo que *no deseas* es lo que crea las cosas indeseadas en tu experiencia, por lo tanto es lógico que tu atención a lo que *deseas* sea la apropiada.

A veces crees que estás pensando en estar bien, cuando lo que en realidad te preocupa es no estar enfermo. La única forma de estar seguro de la diferencia vibratoria es restar atención a la emoción que va unida al pensamiento. *Sentir tu camino hacia los pensamientos que promueven el bienestar es mucho más fácil que intentar pensar en que ya estás allí.*

Hazte un compromiso de estar bien, y luego dirige tus pensamientos en esa línea, y descubrirás cómo sin darte cuenta habías estado albergando resentimientos, sintiéndote indigno e impotente. Pero ahora que has decidido prestar atención a tus emociones, estos pensamientos de resistencia que producen enfermedades dejarán de pasarte desapercibidos. No es natural estar enfermo, ni tampoco lo es albergar emociones negativas, pues en esencia eres lo mismo que tu *Ser Interior: Estás bien; y te sientes muy, pero que muy bien.*

¿Pueden los pensamientos de un bebé atraer la enfermedad?

Jerry: ¿Cómo puede un recién nacido atraer una enfermedad si todavía no es consciente?

Abraham: En primer lugar, queremos afirmar categóricamente que nadie crea tu realidad por ti, pero es importante que te des cuenta de que el «yo» con el que te identificas no empezó a existir con ese bebé que nació de tu madre. Eres un Ser Eterno, que ha vivido muchas experiencias, que ha venido a este cuerpo físico con un largo pasado de creación.

Se piensa que el mundo sería mucho mejor si todos los bebés nacieran cumpliendo las reglas de un cuerpo físico «perfecto», pero esa no necesariamente es la intención de todos los Seres que vienen a este plano físico. Hay muchos Seres que, debido a que el contraste crea un efecto interesante que pone a prueba su valor de muchas otras formas, pretenden desmarcarse de lo que se considera «normal». En otras palabras, no puedes suponer que algo ha ido mal cuando nace un bebé diferente del resto.

Imagina un tenista de elite. Los espectadores que estén sentados en la cancha mirando el partido pueden suponer que el jugador será más feliz jugando contra un adversario al que sea más fácil derrotar, pero el atleta puede preferir justo lo contrario: puede que prefiera adversarios de su misma categoría, que le obliguen a concentrarse y a una precisión que de otro modo no conseguiría. Asimismo, *muchas personas de la elite creadora en el plano físico quieren oportunidades para ver la vida de un modo diferente y de este modo provocar nuevas opciones y vivir nuevas experiencias. Estos Seres también entienden que pueden existir grandes beneficios para sus seres más allegados cuando experimenten algo diferente de lo «normal».*

La gente muchas veces asume de forma incorrecta que como los bebés no hablan, no pueden crear su realidad, pero eso no es así. Ni siquiera cuando pueden hablar crean a través de las palabras, sino que lo hacen con el pensamiento. Vuestros bebés piensan, incluso antes de nacer ya son conscientes en un plano vibratorio. Sus frecuencias vibratorias se ven inmediatamente afectadas por las vibraciones que los rodean en su entorno natal, pero no es necesario preocuparse por ellos, pues al igual que tú, han nacido con el *Sistema de Guía* para ayudarles a discernir la diferencia entre la emisión de pensamientos positivos y la resistencia a los pensamientos de Bienestar.

¿Por qué nacen con enfermedades algunas personas?

Jerry: Habláis de la «tendencia del pensamiento», pero ¿os estáis refiriendo a una tendencia prenatal? ¿Es esa la razón por la que nacen personas con problemas congénitos?

Abraham: Sí. Del mismo modo que la tendencia de vuestros pensamientos en el presente equivale a lo que estáis viviendo, la tendencia de vuestros pensamientos prenatales también es lo que ha producido lo que vivís en el presente. Pero debéis entender que hay personas que han venido aquí deseando deliberadamente una «discapacidad» física porque querían gozar del beneficio que sabían que eso podría darles. Querían ampliar su perspectiva.

Antes de venir a este cuerpo físico, entendías que podías tomar decisiones nuevas respecto a tus deseos desde cualquier punto. Por eso, no te preocupaba el punto de partida en tu cuerpo físico porque sabías que si esa condición inspiraba un deseo de algo diferente, ese nuevo deseo sería alcanzable. Hay muchas personas que han conseguido grandes éxitos en muchas áreas de la vida, a pesar de haber nacido con lo que se podrían considerar condiciones totalmente opuestas al éxito. Y esos duros comienzos les fueron extraordinariamente útiles, porque nacieron de esa pobreza o disfunción tan deseada, que fue el comienzo de sus necesarias *peticiones* previas a su éxito.

Todos los Seres que vienen a este plano físico tienen pleno conocimiento del cuerpo que van a adoptar, y puedes estar seguro de que si vienen y permanecen en él, es porque esa era su intención desde lo No-Físico. Y siempre, sin excepción alguna, cuando la situación en la que te encuentras en el presente hace que tomes otra decisión respecto a lo que deseas *ahora*, si diriges tu atención a ello, es porque tienes la capacidad de conseguir la esencia de esa creación.

La mayoría de las personas que no atraen un bienestar mínimo lo hacen por defecto. Puede que deseen el bienestar, aunque la mayoría de sus pensamientos no lo apoyan. *No es una buena idea intentar evaluar desde tu perspectiva si lo que está viviendo otra persona es apropiado, porque nunca lo descubrirás. Pero siempre sabrás dónde <u>estás</u> respecto a lo que deseas. Si prestas atención a lo que estás pensando y dejas que tus pensamientos se guíen por el sentimiento que los acompaña desde dentro, descubrirás que la mayor parte del tiempo los diriges hacia lo que más te place.*

Hablemos del concepto de enfermedades «incurables»

Jerry: La más reciente de las que denominamos enfermedades «incurables» es el sida, y sin embargo ya empezamos a ver algunos supervivientes, personas que han vivido mucho más de lo que les habían dicho. ¿Qué le aconsejaríais a alguien que padece el sida y quiere ayuda?

* * *

Abraham: No existe ningún instrumento físico, por deteriorado que esté, que no pueda conseguir la salud perfecta... pero vuestras creencias son esenciales para filtrar lo que *permitís* en vuestra experiencia. Si estás convencido de que algo es incurable —de que es «letal»— y te dicen que lo tienes, por lo general tu *creencia* será que no sobrevivirás... y así será.

Pero tu supervivencia no tiene nada que ver con la enfermedad, y todo con vuestros pensamientos. De modo que si te dices: *puede que eso sea cierto para otros, pero no para mí, pues soy quien crea mi experiencia, y en este momento elijo la recuperación en lugar de la muerte... podrás* recuperarte.

Sabemos que es fácil decirlo, pero para los que no creen en su poder de creación no les resulta tan fácil; vuestra experiencia refleja siempre la tendencia de vuestros pensamientos. Tu experiencia es un claro indicador de tus pensamientos. Cuando cambias tus pensamientos, tu experiencia (o indicador) también habrá de cambiar. Es la Ley.

¿Centrarse en algo divertido para recobrar la salud?

Jerry: Norman Cousins fue un escritor que contrajo una enfermedad considerada incurable. (Creo que no se sabía de nadie que se hubiera recuperado.) Pero él sobrevivió, y dijo que lo consiguió gracias a ver programas televisivos de humor. Por lo que creo, sólo miraba esos programas, y reía y reía, hasta que desapareció la enfermedad. ¿Qué es lo que hubo detrás de esa recuperación?

Abraham: Consiguió recuperarse porque consiguió sintonizar vibratoriamente con el Bienestar. Hay dos factores primordiales implicados en esta sintonización vibratoria: primero, *su deseo de bienestar aumentó notablemente debido a su enfermedad;* segundo *los programas que vio le ayudaron a distraerse de la enfermedad: el placer que sentía cuando se reía con los programas de humor fue su indicador de que había cesado su bloqueo del Bienestar.* Esos son los dos factores en la creación de cualquier cosa: *desearlo y permitirlo*.

En general, las personas se centran en sus problemas hasta el punto de no autorizar su propio Bienestar y enfermar gravemente, luego prestan toda su atención a la dolencia y la mantienen. A veces un médico te puede ayudar a reforzar tu creencia de bienestar si tiene un proceso o remedio que él cree que puede curarte. En ese caso, el *deseo* aumenta gracias a la enfermedad, y la *creencia* se refuerza gracias a la propuesta del remedio; pero tanto en el caso de una enfermedad supuestamente incurable como en el de una supuestamente curable, los dos factores que produjeron la curación fueron los mismos: *deseo y creencia*.

Todo aquel que es capaz de tener expectativas de Bienestar puede conseguirlo bajo cualquier circunstancia. El truco es esperar el Bienestar o, como hizo el hombre de tu ejemplo, distraerse de la *falta* de Bienestar.

¿Curó la enfermedad no pensar en ella?

Jerry: En mi vida de adulto, nunca he estado tan enfermo como para dejar de cumplir con mis obligaciones. Es decir, siempre he sentido que mi trabajo era tan importante que ni siquiera me he planteado *no* hacerlo. Sin embargo, he observado que si en algún momento no me encontraba demasiado bien —como cuando estás incubando una gripe o un resfriado—, al concentrarme en mi trabajo, los síntomas desaparecían. ¿Es porque me concentro en algo que *deseo*?

Abraham: Puesto que tienes la firme intención de hacer tu trabajo y que disfrutas al hacerlo, tienes la ventaja de propulsarte con fuerza hacia tu Bienestar. Cuando te parece que algo te aparta del Bienestar porque le estás prestando atención a algo que no deseas, te basta con concentrarte en tu intención habitual, vuelves a sintonizar rápidamente y los síntomas de desarmonía desaparecen enseguida.

Con frecuencia, las personas tratan de abarcar demasiado mediante la acción y, con eso, se cansan o se sienten desbordadas; esos sentimientos son su indicador de que es el momento de parar y recargarse. Lo que sucede es que prefieren la acción en lugar de dedicar tiempo a recargarse y a sintonizar, y esa es la causa más común de que afloren los síntomas.

La mayoría de las personas, cuando sienten algún síntoma de enfermedad empiezan a prestarle atención y caen rápidamente en más malestar y desarmonía. El secreto está en darte cuenta a tiempo de esa desarmonía. Es decir, siempre que tienes una emoción negativa es la señal de que tienes que buscar un pensamiento mejor para compensar tu balanza vibratoria, y si no lo haces, la señal se hará más fuerte, hasta que sientas un malestar físico. Pero incluso si ese es el caso, como en el ejemplo que acabas de dar, puedes volver a concentrarte en algo que te gusta (apartando tu atención de lo que te ha desarmonizado) y sintonizar, y entonces los síntomas de enfermedad desaparecerán. *No hay condición irreversible, pero es mucho más fácil si te das cuenta en las primeras fases o estados sutiles.*

A veces, estar enfermo te proporciona una excusa para huir de algo que no deseas hacer, y por eso en tu entorno hay tanta *permisividad* respecto a la enfermedad, para no tener que hacer otras cosas. Pero cuando empiezas a jugar a esa especie de juego contigo mismo, abres la puerta a un sinfín de enfermedades.

¿Qué efecto tienen las vacunas sobre las enfermedades?

Jerry: Puesto que creamos nuestras enfermedades con nuestros pensamientos, ¿cómo es que las *vacunas* —como la de la polio— casi parecen haber puesto punto final a cierto tipo de enfermedades?

Abraham: Las enfermedades aumentan vuestro *deseo*, y las vacunas aumentan vuestra *creencia*. Por lo tanto, habéis alcanzado ese delicado equilibrio necesario para la creación: *lo quieres y lo permites*; o bien: *<u>cree</u> en ello, y así es.*

¿Qué podéis decir de los médicos, de los sanadores por la fe y de los curanderos?

Jerry: Bueno, esto me lleva a la siguiente pregunta. A la gente le gustan los *sanadores*, los *curanderos* y los *médicos*... todos ellos tienen la reputación de *curar* a algunas personas, y también de *perder* a algunos pacientes. ¿Dónde situaríais a estas personas en el pensamiento o en la vida?

Abraham: El punto más importante que tienen en común es que estimulan la *fe* en sus pacientes. La primera parte de la ecuación de la creación se cumple porque la enfermedad ha potenciado el *deseo* de estar bien, y todo lo que favorece la *creencia* o *expectativa* dará resultados positivos. Cuando la medicina o la ciencia dejen de buscar curas y empiecen a buscar las *causas vibratorias* o desequilibrios, observarán un índice mucho más elevado de recuperación.

Si el médico no *cree* que te puedes recuperar de tu enfermedad, tu relación con el médico será tremendamente destructiva. Con frecuencia, los médicos bienintencionados defenderán sus dudas acerca de tu recuperación señalando todo lo que tienes en contra, diciéndote que no es probable que seas una excepción. El problema con esa lógica —aunque se base en los hechos o las pruebas que la medicina o la ciencia les ha dicho que podían esperar— es que no tiene nada que ver contigo. Sólo hay dos factores que tienen relación con tu recuperación: tu *deseo* y tu *creencia*. Y este diagnóstico negativo está negando tu *creencia*.

Si sientes un *fuerte* deseo de recuperación y los médicos no te dan *esperanza*, es lógico que busques otras vías alternativas en las que la esperanza no sólo se permite sino que se fomenta, pues hay muchas pruebas de que las personas se pueden recuperar de enfermedades supuestamente «incurables».

* * *

Tu médico como un medio hacia el Bienestar

Abraham: No condenes a tu medicina moderna, porque ha sido creada por los pensamientos, deseos y creencias de los miembros de tu sociedad. Queremos que sepas que tienes el poder de conseguir todo lo que desees, aunque no puedes buscar fuera la confirmación de que puedes hacerlo; tu confirmación ha de venir desde dentro en forma de emoción.

Primero sintoniza tus vibraciones, y luego vendrá la acción inspirada. Deja que tu comunidad médica te ayude en tu recuperación, pero no le pidas que haga lo imposible, no le pidas que te dé una solución para compensar tu falta de armonía Energética.

Sin *pedir* no puede haber *respuesta,* y la atención al problema es una *petición* de solución, por lo tanto no es extraño que los médicos examinen tu cuerpo físico en busca de los problemas para los que ellos sí tienen solución. Pero *buscar problemas* es un poderoso catalizador para *atraerlos,* y así, muchos médicos, con frecuencia cargados de buenas intenciones, tienen un papel decisivo en perpetuar las enfermedades, en lugar de encontrar las soluciones. *No estamos sugiriendo que no te quieran ayudar; te estamos diciendo que su princi-*

pal intención al examinarte es encontrar pruebas de que algo va mal. Puesto que esa es su principal intención, eso es lo que más atraen.

Con el tiempo, tras haber estado practicando durante años, empiezan a creer en la fragilidad del ser humano. Empiezan a fijarse más en los problemas que en lo que va bien, y esa es la razón por la que muchos de ellos contraen enfermedades.

Jerry: Entonces, ¿es esta la razón por la que muchas veces los médicos no se pueden curar a sí mismos?

Abraham: Así es. No es fácil centrar la atención en las experiencias negativas de otros sin que te afecte, y las enfermedades existen porque permitimos la negatividad. *Una persona que nunca esté negativa no enfermará.*

¿Qué puedo hacer para ayudarles?

Jerry: ¿Qué es lo mejor que puedo hacer individualmente por otras personas con problemas físicos?

Abraham: Nunca puedes ayudar a otros cuando te haces eco de sus quejas. Lo mejor que puedes hacer es verlos como a ellos les gustaría estar. A veces, eso supone apartarte de su lado, porque cuando estás cerca, es difícil no dejarte influir por sus lamentos. Puedes decirles: «He aprendido el poder que tienen mi atención y mi pensamiento, por eso cuando os oigo hablar de lo que no queréis, he de deciros que he de apartarme, porque no quiero contribuir a lo que estáis creando». Intenta distraerlos de sus quejas, procura que se centren en algunos aspectos positivos… haz todo lo posible para imaginar su recuperación.

Sabrás que estás ayudando a alguien cuando seas capaz de pensar en esa persona y sentirte bien. Cuando amas a los demás sin preocuparte por ellos, eres un apoyo. Cuando disfrutas de ellos, los ayudas. Cuando esperas que triunfen, los estás ayudando. Es decir, cuando los ves como una extensión de tu propio Ser Interior, tu relación con esas personas es verdaderamente un bien para ellas.

Pero ¿y si están en coma?

Jerry: De vez en cuando, alguien dice: «Tengo un amigo o un familiar en coma». ¿Puedo hacer algo por un ser querido que está inconsciente?

Abraham: Con las personas que te rodean te comunicas más de modo vibratorio que con palabras, de modo que, aunque tu ser querido no dé muestras de estar consciente, no significa que no puedas comunicarte con él en algún otro nivel. *Incluso puedes comunicarte con los que han realizado su transición física en el proceso que vosotros denomináis «muerte»; por lo tanto, no deis por hecho que un estado de inconsciencia aparente ha bloqueado vuestra comunicación.*

La principal razón por la que las personas permanecen en coma o inconscientes es porque buscan recuperarse de los pensamientos de escasez que las han estado bloqueando. Es decir, aunque hayan retirado su atención consciente de los detalles de su vida normal, se encuentran en un estado de comunicación vibratoria con su *Ser Interior*. Es una oportunidad para recargarse, y suele ser un tiempo para tomar decisiones en el que determinarán si encontrarán la armonía regresando a lo No-Físico, o si volverán a despertar para regresar a su cuerpo físico. En muchos aspectos, no se diferencia demasiado de su nacimiento en un cuerpo físico.

Esta es la mejor actitud que puedes adoptar respecto a estas personas: *quiero que hagas lo que es importante para ti. Apruebo lo que decidas. Te quiero incondicionalmente. Si te quedas, será maravilloso...; y si te vas, también será maravilloso. Haz lo que consideres que es mejor para ti*. Eso es lo mejor que puedes hacer por ellos.

Jerry: Entonces, las personas que están así muchos años, ¿es porque *quieren*?

Abraham: La mayoría de los que están en coma crónico hace mucho que tomaron la decisión de no regresar, y alguien del plano físico no respetó su decisión y los mantiene conectados a una máquina, pero su Conciencia se marchó hace tiempo y nunca regresará a ese cuerpo.

¿Puedo heredar la enfermedad de mi abuela?

Jerry: He oído decir a algunas personas: «Tengo migrañas porque mi madre tenía migrañas», o «Mi madre es obesa, mi abuela era obesa, y mis hijos también lo son». ¿Heredan algunas personas los problemas físicos?

Abraham: Lo que parece ser una tendencia heredada suele ser la respuesta de la *Ley de la Atracción* a los *pensamientos* que has aprendido de tus padres. Sin embargo, las células de tu cuerpo también son mecanismos pensantes, y tus células —al igual que tú— pueden aprender la vibración de los que las rodean. Sin embargo, cuando identificas un deseo y encuentras pensamientos para sentirte bien —lo que indica que estás en armonía vibratoria con tu *Ser Interior* o tu Fuente—, las células de tu cuerpo vuelven rápidamente a sintonizar con la vibración de Bienestar que ha establecido tu pensamiento positivo. Las células de tu cuerpo no pueden desarrollar tendencias negativas que conduzcan a una enfermedad si estás en armonía con tu Fuente. Tus células sólo pueden perder su armonía cuando *tú* ya la has perdido.

Tu cuerpo es una extensión de tu pensamiento. Tus síntomas negativos contagiosos o «heredados» tienen el apoyo de tu pensamiento negativo, y no podrían manifestarse si independientemente de las enfermedades que hayan tenido tus padres hubiera existido una presencia crónica de pensamientos positivos.

Jerry: Oigo a mi madre que dice que le duele la cabeza y yo lo acepto, ¿puedo entonces yo empezar a tener dolores de cabeza?

Abraham: Tanto si se lo oyes decir a tu madre como a otra persona, prestar tu atención a algo que no deseas, con el tiempo te traerá su esencia. El dolor de cabeza es un síntoma de resistencia al Bienestar, sucede cuando tienes una contradicción vibratoria con el Bienestar de tu *Ser Interior*. Por ejemplo, preocuparte por el trabajo o estar furioso contra tu Gobierno puede provocar síntomas físicos: *no es necesario que fijes la atención en el dolor de cabeza para padecerlo.*

* * *

Jerry: Si oigo que mi madre se queja de dolores de cabeza, lo rechazo conscientemente y digo: «Eso puede que te pase a ti, pero a mí no», ¿me protege de alguna manera esa actitud?

Abraham: Hablar de lo que deseas siempre actúa a tu favor, pero no puedes sintonizar con *quien-eres-realmente* y fijarte en el dolor de cabeza de tu madre. Hablar de lo que quieres mientras estás observando lo que *no quieres* no te ayuda a sintonizar con lo que *quieres*. *Aparta tu atención de lo que no quieres atraer y ponla en lo que quieres atraer.* Concéntrate en algún aspecto de tu madre que te haga sentirte bien, o hazlo en otra cosa que no tenga nada que ver con ella pero que sea positiva.

¿Qué papel desempeñan los medios en las epidemias?

Jerry: No hace mucho, los medios de comunicación han anunciado una campaña de vacunación gratuita contra la gripe. ¿Afectará esa noticia a la difusión del virus de la gripe?

Abraham: Sí, será muy útil para la difusión del virus de la gripe. No hay mayor fuente de influencia negativa en vuestro entorno que la televisión. Por supuesto, como en cualquier parte, siempre está lo deseado y lo indeseado, tienes la capacidad para concentrarte en algo, y por lo tanto recibir el valor de la televisión y de tus medios, pero esas fuentes te aportan un punto de vista tremendamente distorsionado y desequilibrado. Buscan el conflicto por todas las partes del mundo, lo enfocan y lo amplifican, aumentan el problema con música dramática y lo introducen en tu sala de estar, ofreciéndote una imagen totalmente distorsionada de la situación respecto al Bienestar de tu planeta.

La lluvia constante de anuncios de productos farmacéuticos es una poderosa fuente de influencia negativa cuando te explican que «una de cada cinco personas contraerá esa enfermedad y que probablemente tú seas una de ellas». Te influyen para que pienses en ello, y luego te dicen: «Ve a tu médico». Y cuando vas al médico (recuerda que la *intención* de tu médico es encontrar algún *problema*), nace tu expectativa negativa, o bien aumenta. Y, con esa influencia más que suficiente, tu cuerpo empieza a manifestar las pruebas de esos pensamientos dominantes. Actualmente, vuestra medicina está más avanzada que nunca, y sin embargo, hay más personas enfermas que antes.

Recordad, para crear cualquier cosa, basta con que *penséis* en ello, y luego lo esperéis, y ya está. Os enseñan las estadísticas, os cuentan historias de terror; estimulan vuestro pensamiento, y cuando estáis bajo el estímulo de pensamientos detallados, sentís la emoción: el *terror*, el *miedo*... *¡No quiero eso!* Y ya tienes la mitad de la ecuación. Te aconsejan que vayas a hacerte una revisión o que vayas a vacunarte: «Evidentemente, sabemos que es una epidemia, de lo contrario no estaríamos ofreciendo vacunaciones gratuitas», y eso completa la *expectativa* o la parte de la *permisión;* entonces tienes la actitud perfecta para recibir la gripe, o la esencia de cualquier otra cosa de la que estén hablando.

Obtienes aquello en lo que piensas tanto si lo deseas como si no. Por eso es muy importante que empieces a practicar tu propia historia sobre tu Bienestar, para que cuando la televisión te presente esa historia aterradora (la que no quieres vivir), puedas escuchar su versión y tomártela con humor en vez de asustarte.

¿Captamos las sensaciones desagradables cuando están en un estado incipiente?

Abraham: El primer indicativo de que no estás permitiendo tu bienestar físico te llega en la forma de emoción negativa. El problema físico que se deriva de las emociones negativas no se manifiesta enseguida, pero si te preocupas por cosas que te provocan una prolongada emoción negativa, acabarán provocándote un malestar.

Si no eres consciente de que esa emoción negativa te está indicando una desarmonía vibratoria que impide el Bienestar que estás pidiendo, puede que —como la mayoría de las personas— estés aceptando cierto grado de emoción negativa y el sentimiento de que no has de hacer nada al respecto. La mayor parte de las personas, aun cuando están alarmadas por su grado de negatividad o de estrés, no saben qué hacer, porque creen que están reaccionando a condiciones o circunstancias sobre las que no tienen control. Puesto que no pueden controlar esas condiciones desagradables, se sienten impotentes para cambiar sus sentimientos.

Queremos que entiendas que tus emociones son la respuesta a tu enfoque, y que puedes encontrar pensamientos que te hagan sentirte un poco mejor o un poco peor bajo cualquier circunstancia; y cuando de modo constante eliges algo mejor, la *Ley de la Atracción* te aportará una mejora constante a tu experiencia. *La clave para conseguir y mantener un estado de bienestar físico es observar los indicadores de la discordia en las primeras etapas. Es mucho más fácil redirigir los pensamientos en las primeras etapas (que son más sutiles) que después de que la Ley de la Atracción haya respondido a los pensamientos negativos crónicos (lo que aportará mayores resultados negativos).*

Si lograras tomar la decisión de no permitir nunca que una emoción negativa se asiente dentro de ti, y a la vez reconocieras que lo único que tienes que hacer es volver a dirigir tu atención a otra cosa para sentirte mejor en lugar de pedirle a otra persona que actúe de otro modo o que cambie alguna circunstancia para agradarte, no sólo serías una persona muy sana, sino feliz. *La felicidad, el aprecio, el amor y la salud son sinónimos. El resentimiento, los celos, la depresión, la ira y la enfermedad son sinónimos.*

¿Tienen alguna solución la artritis y el Alzheimer?

Jerry: ¿Pueden disolverse los nudos que crea la artritis o se puede invertir la pérdida de memoria del Alzheimer? ¿Es posible recuperarse de ese tipo de enfermedades tengas la edad que tengas?

Abraham: Las condiciones de tu cuerpo físico son el verdadero indicador de la tendencia de tus pensamientos; por eso, cuando cambias tu forma de pensar, los indicadores también han de cambiar. La única razón por la que parece que algunas enfermedades son más testarudas e irreversibles que otras es porque, en general, tus pensamientos son testarudos e irreversibles.

La mayor parte de las personas aprenden sus patrones de pensamiento contraproducentes basándose en «verdades» que han presenciado o aprendido de otros, y mientras se aferran cabezonamente a esos patrones de pensamiento (que no les sirven), experimentan los resultados de ellos. Entonces se produce un ciclo desagradable en el que piensan en cosas que *no desean* (auténticas cosas no deseadas), y con ello, por la *Ley de la Atracción*, impiden que las cosas deseadas lleguen a su experiencia, a la vez que permiten que lleguen las *indeseadas*, y que éstas se vayan acumulando.

En cada experiencia puedes conseguir cambios, pero has de ver el mundo de una forma diferente. Has de contar tu historia tal como quieres que sea en lugar de tal como es. Cuando eliges la dirección de tus pensamientos y de tus conversaciones según el estado de ánimo que te provocan, empiezas a ofrecer vibraciones *deliberadamente*. Sois Seres Vibratorios, tanto si sois conscientes de ello como si no, y la *Ley de la Atracción* siempre responde a las vibraciones que irradiáis.

Jerry: ¿Pueden las sustancias químicas como el alcohol, la nicotina o la cocaína afectar negativamente al cuerpo?

Abraham: A tu bienestar físico le influye más tu tendencia vibratoria que las cosas que introduces en tu cuerpo. Y, lo que es incluso más importante para tu pregunta es el hecho de que desde tu sintonización vibratoria, no te sentirás atraído hacia ninguna sustancia que pueda poner en peligro ese estado. Casi siempre la búsqueda de esas sustancias se produce desde un estado de falta de sintonización. *De hecho, el impulso de ingerir esas sustancias procede del deseo de llenar un vacío provocado por el desequilibrio vibratorio.*

¿Son el ejercicio y la nutrición un factor para la salud?

Jerry: ¿Influye una buena nutrición o hacer más ejercicio en tener buena salud?

Abraham: Habrás observado que hay personas muy escrupulosas con la comida y con el ejercicio, cuyo bienestar físico salta a la vista. Pero también hay personas que parecen realizar un tremendo esfuerzo respecto a la comida y a hacer ejercicio, que se esfuerzan durante años para conseguir algún beneficio, y que no tienen éxito en mantener una buena forma física. Lo que hagas no tiene tanta importancia como lo que piensas, tu estado de ánimo, tu equilibrio vibratorio o la historia que cuentas.

Cuando dedicas un tiempo a encontrar tu equilibrio vibratorio, el esfuerzo físico que realices te dará grandes resultados, pero si primero no encuentras el equilibrio vibratorio, no hay suficientes acciones en el mundo para compensar esa falta de armonía con la Energía. Desde tu estado de armonía te sentirás inspirado para comportarte de forma positiva, igual que desde un estado de desarmonía tendrás la tendencia a comportarte de un modo que te perjudicará.

Jerry: Recuerdo haber escuchado una frase de Sir Winston Churchill (el líder británico en la Segunda Guerra Mundial.) Dijo así: «Nunca corro si puedo andar, ni nunca ando si puedo estar de pie, ni estoy de pie si puedo estar sentado, ni estar sentado si puedo estar echado», y siempre iba con un gran puro en la boca. Vivió hasta los 90 años, y que yo sepa, siempre gozó de buena salud. No obstante, su estilo de vida no era lo que hoy se consideraría saludable; ¿era entonces una cuestión de *creencia*?

Abraham: ¿Habiéndose marchado tan joven? (Risas) La razón por la que tantas personas están confundidas respecto a la conducta correcta para una vida saludable es porque sólo tienen en cuenta los factores de su conducta y se olvidan de la parte más importante para los resultados: su forma de pensar, sus emociones y su historia.

¿Qué pasa cuando una persona sana casi siempre está cansada?

Jerry: Si una persona parece gozar de buen estado de salud pero casi siempre está cansada o apática, ¿qué solución sugerís?

Abraham: La gente suele referirse al estado de fatiga o de apatía como estar baja de energía, y es realmente una buena forma de expresarlo. Aunque no puedes desconectar de tu fuente de Energía, cuando tienes pensamientos que contradicen a esa fuente, se produce un sentimiento de resistencia o una falta de energía. *Tu estado de ánimo siempre está en relación con tu grado de sintonización con tu Fuente. Siempre.*

Cuando cuentas la historia de lo que deseas (que es la historia que tu Fuente interior te cuenta), te sientes feliz y cargado de energía. Estar bajo de energía siempre es el resultado de contar una historia diferente de la que te cuenta tu Fuente de Energía expandida. Cuando cuentas una historia que se centra en los aspectos positivos de tu vida, sientes energía. Cuando cuentas una historia que se centra en los aspectos negativos, te sientes desvitalizado. Cuando te centras en la ausencia de algo que deseas en tu experiencia presente, sientes una emoción negativa. Cuando imaginas una condición mejorada, sientes una emoción positiva. *Tu estado de ánimo siempre va unido a la relación entre el objeto de tu atención y tu verdadero deseo. Prestar atención a lo que deseas te dará la vitalidad que buscas.*

¿Cuál es la principal causa de la enfermedad?

Jerry: Dicho con palabras sencillas, ¿qué es lo que consideráis la principal causa de enfermedad?

Abraham: La enfermedad llega cuando prestas atención a cosas no deseadas, cuando sientes una emoción negativa y no te das cuenta de ello, y sigues centrándote en lo que no deseas, entonces, esa emoción negativa se va haciendo más fuerte, y si sigues ignorándola y prestando atención a lo *no deseado*... la *Ley de la Atracción* atraerá más pensamientos y experiencias negativos. *La enfermedad existe cuando desoyes los primeros signos sutiles de falta de sintonización que llegan en forma de emoción.*

Si sientes una emoción negativa y no cambias la tendencia de tus pensamientos para aliviar ese malestar que te está produciendo, siempre irá en aumento hasta que al final se convierte en una sensación física, que se traduce en un deterioro físico. *No obstante, la enfermedad sólo es un indicador de tu vibración, y cuando la cambies, el indicador cambiará para coincidir con la nueva vibración. La enfermedad no es más que un indicador físico de que se ha desequilibrado tu Energía.*

Muchas personas enfermas no están de acuerdo con que la causa de su enfermedad se deba a que la *Ley de la Atracción* haya respondido a sus pensamientos, protestan diciendo que nunca habían pensado en *esa* enfermedad en particular. Pero una dolencia no se manifiesta porque estés pensando en esa enfermedad o en otra *cualquiera* en concreto. *La enfermedad es un indicador exagerado de los pensamientos negativos que empezaron como un indicador sutil de una emoción negativa, y que fue aumentando gracias a la continuidad de dichos pensamientos. El pensamiento negativo es resistencia, sea cual sea el objeto del mismo. Esa es la razón por la que continúa habiendo enfermedades nuevas, y hasta que no se aborde la causa real de la enfermedad, nunca habrá una cura final.*

En estos momentos todos tenéis el potencial para desarrollar cualquier enfermedad, al igual que lo tenéis para gozar de un estado de salud perfecto, e invocaréis el uno o el otro, o una mezcla de ambos, según la tendencia de vuestros pensamientos.

Jerry: Es decir, desde vuestra perspectiva no existe una causa física para la enfermedad o el malestar. ¿Todo es *pensamiento*?

Abraham: Entendemos vuestra necesidad de dar crédito a la acción o a la conducta para intentar explicar las causas. Cuando explicáis de dónde viene vuestra agua, sería correcto que señalarais que viene del grifo de vuestra cocina. Pero la historia de la «procedencia del agua» es mucho más compleja que el hecho de remitirse al grifo. Asimismo, la historia sobre la fuente del bienestar o de la enfermedad es mucho más complicada. *Vuestro bienestar o malestar son síntomas de la tendencia de vuestros pensamientos, y esa tendencia se manifestará a través del camino que ofrezca menor resistencia, tan cierto como que el agua fluye siempre hacia abajo.*

Un ejemplo de mi «vieja historia» sobre mi Bienestar físico

> Observo síntomas en mi cuerpo que me preocupan. A medida que me hago mayor, me siento más débil, menos estable, menos sano, menos seguro. Me preocupa no estar centrado positivamente en mi salud. He intentado cuidarme, pero no veo que eso me haya ayudado demasiado. Supongo que es normal sentirse peor a medida que pasan los años. Lo vi con mis padres, y por eso me preocupa mucho mi salud.

* * *

Un ejemplo de mi «nueva historia» sobre mi Bienestar físico

Mi cuerpo responde a mis pensamientos respecto a él y respecto a todo lo que pienso. Cuanto mejores son mis pensamientos, más permito mi Bienestar personal.

Me gusta saber que existe una correlación absoluta entre cómo me siento, los pensamientos que he tenido y cómo me sentía cuando los tenía. Me gusta saber que esos sentimientos eran para ayudarme a elegir pensamientos mejores que produjeran mejores vibraciones, que a su vez repercutirían en un cuerpo más saludable. Mi cuerpo responde mucho a mis pensamientos, y saber eso es fantástico.

Cada vez elijo mejor mis pensamientos. Sea cual sea mi estado físico, sé que tengo el poder de cambiarlo. Mi estado de salud física no es más que un indicador del estado de mis pensamientos crónicos, tengo control sobre ambos.

Un cuerpo físico es algo sorprendente en el sentido de que empezó como un amasijo de células fetales que ha acabado convirtiéndose en este cuerpo humano plenamente desarrollado. Me impresiona la estabilidad del cuerpo humano y la inteligencia de las células que lo componen cuando veo la forma en que cumple tantas funciones importantes sin que yo sea consciente de ellas.

Me gusta saber que no soy responsable de la circulación de la sangre a través de mis venas o del aire que entra en mis pulmones. Me gusta que mi cuerpo sepa qué es lo que tiene que hacer y que lo haga tan bien. En general, el cuerpo humano es bastante sorprendente: una entidad inteligente, flexible, resistente, duradera, que ve, oye, huele, saborea y toca.

Mi cuerpo me sirve muy bien. Me encanta explorar la vida a través de él. Disfruto de mi resistencia y flexibilidad: me gusta vivir en mi cuerpo.

Estoy encantado con mis ojos que contemplan este mundo, viendo de lejos y de cerca, distinguiendo las formas y los colores con una percepción muy vívida de fondos y distancias. Me encanta su poder de audición, del olfato, del gusto y del tacto. Me encanta el contenido táctil y sensual de este planeta y mi vida en este maravilloso cuerpo.

Siento aprecio y fascinación por la capacidad de autocuración de mi cuerpo cuando veo cómo se cierran las heridas con piel nueva y descubro una nueva fuerza para hacer frente a los traumatismos.

Soy muy consciente de la flexibilidad de mi cuerpo, de la destreza de mis dedos y de la respuesta inmediata de mis músculos ante cualquier tarea que abordo.

Me gusta comprender que mi cuerpo sabe cómo estar bien, que siempre avanza hacia el bienestar, y que si no me interpongo con un pensamiento negativo, el bienestar ha de prevalecer.

Me gusta comprender el valor de mis emociones, y entiendo la habilidad de conseguir y mantener el bienestar físico porque tengo la capacidad de encontrar y mantener buenos pensamientos.

Un día cualquiera de este mundo, incluso cuando algunas partes de mi cuerpo no estén en su mejor momento, siempre seré consciente de que hay muchas, muchas, muchas más cosas que están funcionando correctamente y que predominan los aspectos del Bienestar.

Pero lo más importante es que me encanta la rápida respuesta a mi atención e intenciones. Estoy contento de entender mi conexión cuerpo-mente-espíritu, y las poderosas y productivas cualidades de mi sintonización deliberada.

Me gusta vivir en este cuerpo.

Valoro mucho esta experiencia.

Me siento bien.

No hay una forma correcta o incorrecta de contar tu nueva historia mejorada. Puede ser sobre tu pasado, tu presente, o sobre futuras experiencias. El único criterio que importa es que seas consciente de tu intento de contar una versión mejorada y más positiva de tu propia historia. Contar muchas historias cortas positivas a lo largo del día cambiará tu punto de atracción. Basta con que recuerdes que la historia que *cuentas* es el pilar de *tu* vida. Cuéntala como quieres que sea.

PARTE IV

Perspectivas sobre la salud, el peso y la mente

Quiero gozar de un cuerpo sano

Procurar que tu cuerpo físico esté sintonizado es algo extraordinariamente valioso por dos razones:

- La primera, porque no hay nada en lo que piense más la gente que en su propio cuerpo. (Y es lógico puesto que lo lleváis a todas partes.)
- La segunda, puesto que todas vuestras perspectivas o pensamientos fluyen a través de la lente de vuestro cuerpo físico, vuestra actitud en prácticamente todos las circunstancias dependerá de cómo os sintáis en él.

Puesto que la ciencia y la medicina han tardado en reconocer la conexión entre la mente y el cuerpo, entre los pensamientos y sus efectos, y entre las actitudes y los resultados, la mayoría de las personas confían en una infinidad de conceptos contradictorios respecto a su cuerpo. *Siempre que falla el pilar de una visión, ningún método, poción o remedio puede aportar resultados fiables. Puesto que varía el estado de sintonización de la Energía de cada individuo, debido a esa variedad de factores en cuanto a creencias, deseos, expectativas e influencias anteriores y actuales, no es de extrañar que los remedios que «siempre funcionan» sean inexistentes, ni que la mayoría esté francamente confundida respecto a su cuerpo físico.*

Cuando, para comprender tu estado de sintonización con la Energía, intentas recoger y procesar información sobre lo que está sucediendo en el cuerpo de otras personas, en lugar de confiar en tu propio *Sistema de Guía Emocional*, sería como utilizar un mapa de carreteras del extranjero para planificar una ruta en tu propio país: esa información simplemente no tiene nada que ver contigo ni con tu situación.

Te han dado tanta información contradictoria con lo que nosotros sabemos (y con las *Leyes del Universo*), que estamos encantados de hablarte de ti y de tu cuerpo según la perspectiva de la visión completa. Queremos ayudarte a que entiendas claramente cómo puedes llegar a ser un Ser saludable, físicamente en forma y con el aspecto que deseas (completo en lo que a mente, espíritu y cuerpo respecta); y cuando uses tu mente para dirigir deliberadamente tus pensamientos para que sintonicen con los de tu *Ser Interior* (o espíritu), tu cuerpo físico será la prueba manifiesta de esa sintonización.

Quiero equilibrar mis deseos y experiencias

No es posible hacer que tu cuerpo goce de un perfecto estado de salud pensando sólo en los aspectos físicos de tu ser y actuando sólo sobre el cuerpo físico. Sin entender la Conexión entre tu yo físico y tu Yo Interior Vibratorio No-Físico, no puede haber comprensión o control. Es decir, aunque te pueda parecer que el camino hacia un cuerpo bello y con el que te sientas bien sea el resultado de cierto tipo de conducta en lo que respecta a la actividad y a la alimentación, en realidad depende más de tu sintonización vibratoria con los aspectos físico y No-Físico de tu ser.

Cuando aceptas la totalidad de tu Ser y das prioridad a lograr la sintonía vibratoria, estás en el camino de conseguir y mantener tu cuerpo físico deseado. Pero si utilizas las situaciones, experiencias y opiniones de otras personas para evaluar tu bienestar, nunca podrás controlar el estado de tu cuerpo. Es decir, cuando intentas conseguir un cuerpo físico basándote en la comparación con las experiencias ajenas, en vez de intentar sintonizar tu yo con tu *Yo*, nunca descubrirás la clave para controlar tu propio cuerpo.

No necesito comparar mi cuerpo con el de otras personas

Nos gustaría ayudarte a entender que no hay un solo estado correcto, ni siquiera el más deseado, pues cuando viniste a este cuerpo físico deseabas una gran variedad de estados. Pues si todos hubierais tenido la intención de ser iguales, la mayoría os pareceríais más, pero no es así para ti. Llegáis a vuestro planeta con cuerpos de todos los tamaños, formas, grados de flexibilidad o destreza. Unos son más fuertes y otros más ágiles... Vinisteis con una gran variedad, aportando todo tipo de diferencias que son una gran ventaja para la totalidad. Habéis venido con vuestra diversidad para aportar equilibrio a vuestro tiempo y lugar.

Así que nos gustaría animaros: en lugar de reconocer que os falta alguna característica, como hacéis la mayoría, nos gustaría que vierais las ventajas de lo que *sois*. Es decir, cuando evaluéis o analicéis vuestro cuerpo físico, dedicad la mayor parte del tiempo a ver las ventajas que os ofrece no sólo a vosotros, sino para mantener el equilibrio de *Todo-Lo-Que-Es*.

Jerry: Recuerdo que cuando trabajaba en el trapecio (en el circo), era demasiado pesado para ser lo que se denomina un «*flyer*» [el trapecista que «vuela» por el aire], y demasiado ligero para ser un «*catcher*» [el que «recibe» al que viene volando]. De modo que el trapecio no era el mejor lugar para mí; necesitábamos un *catcher* más pesado o un *flyer* más ligero, por así decirlo. No obstante, seguía siendo un acróbata, pero hacía lo que se denomina acrobacia en barra, donde nadie tenía que agarrarme ni yo tenía que agarrar a nadie. Pero no me sentía mal porque no pensaba que tenía que ser ni más grande ni más pequeño. Sencillamente, encontré algo que me gustaba hacer y que seguía proporcionándome el sentimiento general de ser un acróbata. [*Abraham:* Bien. Eso es fabuloso.]

¿Y si me viera perfecto?

Jerry: ¿No podríamos contemplar nuestro peso y nuestro estado de habilidad mental o talento del mismo modo? ¿Podríamos vernos todos perfectos?

Abraham: No os estamos incitando a que contempléis vuestro estado actual y proclaméis que es «perfecto», porque siempre desearéis algo que trasciende *lo-que-es*. Pero encontrar aspectos de vuestra experiencia actual que os ayuden a sentiros bien cuando os detenéis en ellos hará que sintonicéis con la perspectiva de vuestro *Ser Interior*, que está siempre centrado en el Bienestar. *Os animamos a que encontréis la concordancia entre vuestros pensamientos y los de vuestro* <u>*Ser Interior*</u> *respecto a vuestro cuerpo, en vez de intentar conseguir las características físicas que concuerden con las de otros cuerpos que veis a vuestro alrededor.*

Ir en contra de lo no deseado atrae más de lo mismo

Abraham: A medida que vayáis entendiendo que creáis más con vuestros pensamientos que con vuestras acciones, cumpliréis más deseos con menos esfuerzo, y en la ausencia de esfuerzo os divertiréis más. Durante vuestro estado de vigilia siempre estáis pensando, por lo tanto conseguir una tendencia hacia los pensamientos positivos y agradables os será de gran utilidad.

Habéis nacido en una sociedad que os ha empezado a advertir en contra de las cosas indeseadas desde el momento en que nacisteis, y con el tiempo, la mayoría habéis adoptado una postura defensiva. Tenéis una «guerra contra las drogas», otra «contra el sida» y otra «contra el cáncer». La mayoría realmente creéis que la forma de conseguir lo que *queréis* es vencer lo que *no queréis*, y por eso dedicáis tanta atención a apartar lo que no deseáis, mientras que si pudierais ver la *Ley de la Atracción* como la vemos nosotros —si os pudierais aceptar como atrayentes en virtud de vuestros pensamientos—, entenderíais la postura tan nefasta que adoptáis.

Cuando decís: «Estoy enfermo y no quiero estar enfermo, así que voy a vencer a esta enfermedad, voy a hacer esto para derrotarla», desde vuestra postura defensiva y de emoción negativa, os estáis aferrando a esa enfermedad.

Mi atención a la escasez atrae más escasez

Abraham: Toda situación tiene dos aspectos: está el aspecto que deseas y la ausencia de éste. Respecto a tu cuerpo, puesto que cada uno de tus pensamientos pasa por el filtro de la perspectiva que tienes respecto a él, si no te sientes físicamente como te gustaría o no tienes el aspecto que deseas, es muy normal que un gran número de pensamientos (una proporción muy descompensada) se decanten hacia la escasez, en lugar de hacerlo hacia lo que realmente deseas.

Desde tu postura de escasez, sólo atraes más de lo mismo, y esta es la razón por la que la mayoría de las dietas no funcionan: eres consciente de tu grasa —eres consciente de que tu cuerpo no tiene el aspecto que te gustaría—, y cuando está tan mal que no lo puedes soportar (ya sea desde tu perspectiva o porque los demás te lo están echando en cara), entonces dices: «No puedo soportar más esta situación tan negativa. Me voy a poner a dieta, y voy a deshacerme de todo lo que *no* quiero». Sin embargo, toda tu atención va dirigida hacia lo que no quieres, de modo que sigues manteniéndolo. *La forma de llegar hasta donde quieres es prestarle toda tu atención a lo que quieres, en lugar de prestar atención a lo que no quieres.*

Plantar las semillas del miedo atrae más miedo

Jerry: Un gran amigo mío, mi mentor en los negocios, se presentó como voluntario para un estudio médico. Dijo que aunque gozara de una salud excelente, estaba dispuesto a participar para ayudar a los demás, porque en su zona había muchos hombres de su edad que estaban muriendo de cierta enfermedad. Bueno, me parece que fue sólo cuestión de unas pocas semanas cuando recibimos un mensaje en que nos decía que le habían diagnosticado la enfermedad. Y ahora ya no está en esta forma física, pero no parecía tenerle miedo. ¿La creó en su cuerpo por el mero hecho de dirigir su atención a ella?

Abraham: Fue la atención que le prestó; es decir, su intención de ser útil a los demás. Les dio la oportunidad de investigar, indagar y mirar. Y en ese proceso recibió suficiente estímulo de los pensamientos ajenos como para hacerle consciente de la posibilidad; no sólo de la posibilidad, sino de la *probabilidad. Plantaron en su interior la semilla de la probabilidad, y entonces, con las investigaciones, indagaciones y observaciones, su cuerpo respondió a lo que se había convertido en su tendencia de pensamiento.*

Has dado un maravilloso ejemplo porque esa enfermedad no la tenía hasta que le prestó su atención, pero una vez que se hubo implantado en su interior la atención a la enfermedad, su cuerpo respondió correspondientemente.

El potencial para el bienestar o la enfermedad siempre está dentro de ti. Los pensamientos que eliges determinan lo que vas a experimentar y en qué grado.

¿Atrae una enfermedad pensar en ella?

Jerry: ¿Cuánto tiempo podemos jugar con estos pensamientos de enfermedad? Por ejemplo, si una persona ve en la televisión que ofrecen una revisión gratuita de alguna parte de su cuerpo, y se dice: «Bueno, creo que voy a hacérmela, me encuentro bien, pero ¿por qué no si es gratis?» ¿Qué posibilidades hay de que eso conduzca a lo que estáis diciendo, es decir, a un estímulo del pensamiento y, al final, a un resultado no deseado?

Abraham: Casi el cien por cien. El índice de enfermedades en vuestra sociedad aumenta debido a la atención que les prestáis. Con toda vuestra tecnología médica —todos los instrumentos, los descubrimientos— hay más personas con enfermedades graves en la actualidad que antes. La preponderancia de tantas enfermedades graves se debe a la atención que les prestáis.

Has dicho: ¿«Cuánto podemos jugar» con ello? Nosotros respondemos: Tenéis mucho cuidado con lo que coméis, con la ropa que os ponéis, con el vehículo que conducís, y, sin embargo, no sois escrupulosos con lo que pensáis. *Os aconsejamos que tengáis cuidado con vuestros pensamientos. Mantenedlos del lado que esté en armonía con lo que deseáis. Pensad en vuestro bienestar, no en la ausencia del mismo. Pensad en ser como queréis ser en lugar de lo contrario.*

Vuestras enfermedades no surgen y se mantienen sólo por vuestra atención negativa hacia ellas. Recordad que la enfermedad surge de vuestros pensamientos de vulnerabilidad y de estar a la defensiva. Entrenad vuestros pensamientos en todos los temas (no sólo en el de la salud física) en la dirección que deseáis, y con vuestro estado de ánimo mejorado, vuestro bienestar físico estará asegurado.

¿Estoy principalmente centrado en el Bienestar?

Jerry: No hace mucho otro gran amigo nuestro construyó una habitación en su casa para que su suegra, cuya salud había empeorado notablemente, pudiera vivir con ellos. Prácticamente, el único tema de conversación de su suegra era su mala salud, lo desgraciada que era, y sus múltiples operaciones.

Entonces, la madre de nuestro amigo, que tenía 85 años, fue a visitarles. Nunca había estado en un hospital, pero al cabo de una semana de estar en esa casa con la otra señora —que siempre estaba hablando de su enfermedad—, su salud se deterioró notablemente. Fue hospitalizada y luego tuvieron que ingresarla en una residencia de ancianos. ¿Puede fallar tanto la salud de una persona a consecuencia de pasar sólo unos días bajo una influencia negativa?

Abraham: El potencial para la enfermedad o el bienestar siempre está dentro de ti. Y todo aquello a lo que le prestas atención empieza a fomentar la manifestación de la esencia de ese pensamiento. El pensamiento es muy poderoso.

Aunque no siempre es así, la mayoría de las personas que han llegado a los 85 años han recibido una importante carga negativa respecto a su cuerpo físico. Siempre estás siendo bombardeado con pensamientos de mala salud: la necesidad de tener un seguro médico, de contratar un seguro de entierro, de hacer el testamento para dejarlo todo arreglado, y así sucesivamente. De modo que esa mujer no había recibido su primera influencia negativa respecto a su bienestar físico de la otra mujer que había en la casa.

Sin embargo, puesto que ya estaba al borde del abismo, algo insegura respecto a su longevidad, la intensidad de la conversación de la otra mujer —y las respuestas que observó en las personas que estaban a su alrededor—, todo ello consiguió decantar sus pensamientos negativamente, hasta que los síntomas negativos fueron evidentes. Luego, cuando empezó a concentrarse en sus propios síntomas, en ese ambiente ya tan cargado aumentaron con mayor rapidez.

Cuando aparece alguien en tu vida que estimula tu pensamiento, de modo que éste se centra principalmente en la enfermedad en lugar de hacerlo en la salud, en la ausencia de Bienestar, en vez del Bienestar, cuando estás en una situación en que te sientes vulnerable, a la defensiva o incluso furioso, las células de tu cuerpo empiezan a responder a esa tendencia de pensamiento. Y sí, es posible que en cuestión de semanas, o incluso días —o hasta horas— pueda empezar este proceso negativo. *Todo lo que vives es el resultado de tus pensamientos, y para eso no hay excepciones.*

La evidencia física de otros no tiene por qué convertirse en mi experiencia

Abraham: Cuando ves pruebas a tu alrededor, muchas veces esa *evidencia física* te parece más real que un *pensamiento*. Dices cosas como: «Abraham, esto es muy real, no es sólo un pensamiento», como si lo que es *verdaderamente real* y el *pensamiento* fueran dos cosas separadas. Pero queremos que recuerdes que el Universo no distingue entre tus pensamientos de la realidad actual y los de la realidad imaginada. El Universo y la *Ley de la Atracción* simplemente responden a tu pensamiento, real o imaginado, actual o recuerdo. *Cualquier prueba que veas a tu alrededor no es más que el indicador manifestado de algún pensamiento, y no hay razón para que te asustes o te sientas vulnerable por lo que los demás están creando con sus pensamientos.*

No existe ninguna situación irreversible. No hay una condición física, sea cual sea el estado de degeneración, que no pueda mejorar. Pero es necesario entender la Ley de la Atracción, la guía que ofrecen las emociones, y la voluntad de concentrarte deliberadamente en las cosas que te hacen sentirte bien. Si pudieras entender que tu cuerpo responde a lo que piensas y si pudieras mantener tus pensamientos en la dirección que quieres que estén, tu ser entero estaría bien.

¿Cómo puedo influir en conservar mi salud?

Jerry: Entonces, ¿qué es lo mejor que podemos hacer para mantener o recobrar la salud perfecta, o para influir en quienes nos rodean a fin de que consigan *su* salud perfecta?

Abraham: De hecho, el proceso de recobrar la salud y de conservarla es el mismo: *Centrar la atención en más cosas que te hagan sentirte bien.* La gran diferencia entre recobrar y mantener la salud es que es más fácil tener pensamientos positivos cuando te sientes bien que cuando te sientes mal, de modo que *mantener* la salud es mucho más fácil que *recobrarla. La mejor forma de influir en los demás para que tengan buena salud es vivirla. La mejor forma de influir en lo demás para que enfermen es enfermar.*

Entendemos que para los que ahora se encuentran en una situación que no les gusta, suene muy simplista eso de encontrar un pensamiento mejor. Pero te prometemos que si tuvieras la determinación de mejorar tu estado de ánimo eligiendo deliberadamente pensamientos agradables, empezarías a observar una mejoría inmediata en todo lo que te preocupa.

Me relajo y me duermo en el Bienestar

Abraham: Tu estado natural es el Bienestar absoluto. No tienes que luchar más contra la enfermedad. Basta con que te relajes en tu bienestar. Échate en la cama esta noche, y cuando te vayas a dormir, siente la maravillosa comodidad que te ofrece la cama. Observa su tamaño. Observa la almohada que tienes bajo la cabeza. Siente la textura de los tejidos contra tu piel. Presta atención a las cosas agradables, pues cada vez que piensas en algo bueno, estás dejando de suministrarle carburante a la enfermedad. *Cada vez que piensas en algo que te hace sentirte bien, impides que la enfermedad siga evolucionando; y cada vez que piensas en la enfermedad, estás añadiendo más leña al fuego, por así decirlo.*

Cuando puedes conseguir enfocar tus pensamientos durante cinco segundos en algo agradable, durante ese tiempo habrás dejado de alimentar tu enfermedad. Si lo consigues durante diez segundos, durante ese tiempo habrás dejado de alimentarla. Cuando piensas en lo bien que te sientes ahora, en que tu estado natural es el bienestar, *empiezas a alimentar ese bienestar.*

¿Indican las emociones negativas que has tenido pensamientos sobre la enfermedad?

Abraham: Cuando tienes pensamientos insalubres, la razón por la que sientes una emoción tan negativa es porque esos pensamientos están tan desarmonizados con tu conocimiento superior que no vibras con *quien-eres-realmente*. La emoción negativa que sientes, en forma de *preocupación*, *rabia* o *miedo* respecto a tu enfermedad, es tu verdadero indicador de que has puesto una gran restricción en el flujo de Energía entre tú y *quien-eres-realmente*.

Tu bienestar se produce cuando permites que fluya la Energía No-Física de tu *Ser Interior*. Por eso, cuando piensas: *Estoy Bien*, o *Me estoy poniendo bien*, o *Estoy perfectamente; mi estado natural es estar bien*, esos pensamientos vibran en armonía con lo que tu *Ser Interior* sabe que es y consigues todo el beneficio de la Energía del pensamiento que procede de tu *Ser Interior*.

Todo pensamiento es una vibración. Por eso, céntrate en pensamientos que te hagan sentirte bien, que a su vez atraerán a otros, y luego otros, y otros, y otros... hasta que tu frecuencia vibratoria se eleve hasta ese lugar donde tu Ser Interior pueda envolverte por completo. Entonces, cuando llegues a ese centro de Bienestar, tu instrumento físico se recuperará muy rápidamente, te lo prometemos. Podrás empe-

zar a observar la espectacular prueba física de tu recuperación, porque es la Ley.

¿Hasta qué punto puedo controlar mi cuerpo?

Jerry: Bueno, este tema es sobre «Perspectivas de salud, el peso y la mente»: *¿cómo puedo conseguir y mantener esos bienes?* Veo que hay un extraordinario número de personas a las que les preocupa su peso y su salud, física y mental. Debido a la cantidad de atención que se presta a los problemas de salud físicos, entiendo que haya tantas personas preocupadas.

Cuando era pequeño tuve la buena suerte de darme cuenta de que podía controlar mi cuerpo. Recuerdo que cuando tenía unos nueve años, fui al carnaval del condado, donde había dos luchadores profesionales que peleaban contra cualquiera de los visitantes. Es decir, cualquier granjero podía pagar para entrar en el ring y luchar contra ellos, y si podían vencerlos, ganaban dinero. Pero los granjeros siempre eran derrotados hasta quedar hechos papilla...

Recuerdo que esa pequeña tienda estaba iluminada con lámparas de gas o de keroseno, y el destello de su luz se reflejaba en las espaldas sudadas de los luchadores profesionales. Me fascinaba que su columna vertebral estuviera oculta entre dos hermosos músculos que recorrían su espalda, mientras que la mía se parecía más a nuestra mascota del estado de Arkansas: el jabalí. Es decir, mi columna sobresalía y no tenía músculos alrededor, mientras que la de ellos estaba hermosamente acolchada y no se podía ver. Me gustaba observar esos maravillosos músculos. Valoré mucho lo que vi ese día, y al cabo de unos ocho años los músculos de mi espalda ya no tenían el mismo aspecto, y gracias a esa experiencia, me di cuenta de que podía crear mi cuerpo físico.

A raíz de mi mala salud en la infancia aprendí que de algún modo era capaz de controlarla. Algunas veces probé con los médicos, pero sus diagnósticos y tratamientos casi siempre eran erróneos. Por eso, no tardé mucho en darme cuenta de que valía más mantenerme alejado de ellos, porque no logré encontrar ninguno que acertara conmigo. Casi siempre se equivocaban cuando tenían que hacer algo para ayudarme, por lo que opté por cuidarme yo mismo.

Pero a veces todavía pienso un poco en cómo me voy a conservar y en qué estado estará mi cuerpo en el futuro. ¿Podré mantener este peso perfecto, esta salud física y mental? Siento que ahora estoy bien, pero hay momentos en los que me pregunto: *¿podré mantenerme siempre así?* Por eso me gustaría que hablarais de este tema general.

Abraham: Nos gusta la combinación de palabras que has empleado, pues tu cuerpo y tu mente siempre están conectados. *Tu cuerpo siempre responde a tus pensamientos; de hecho, no responde a ninguna otra cosa. Tu cuerpo es un puro reflejo de tu forma de pensar. No hay nada más que afecte a tu cuerpo fuera de tus pensamientos.* Es estupendo que a tan temprana edad te demostraras que tenías cierto control sobre él.

Cuando reconoces conscientemente la correlación absoluta que existe entre lo que estás pensando y lo que obtienes, al final puedes controlar tu experiencia en cualquier situación. Lo único que necesitas para conseguir lo que quieres, frente a lo que no quieres, es reconocer que ese control que buscas ya lo tienes, y luego pensar deliberadamente en las cosas que quieres experimentar.

Los pensamientos decadentes siempre te entristecen porque no quieres la decadencia. De modo que utiliza tu Guía, elige pensamientos que te hagan sentirte bien, y no tendrás razón para preocuparte respecto al paso del tiempo. En realidad, sólo se trata de tomar la decisión: *Quiero reconocer que tengo el control total —y absoluto— de mi instrumento físico. Reconozco que soy el resultado de lo que pienso.*

El día en que naciste todavía poseías el conocimiento (no la *esperanza* o *deseo,* sino el *entendimiento* profundo) de que tu pilar es la libertad absoluta, que tu búsqueda es la felicidad, y que el resultado de tu experiencia de la vida será un crecimiento; sabías que eras perfecto y que sigues buscando más perfección.

¿Podemos conseguir conscientemente que nos crezca más masa muscular y hueso?

Jerry: Yo conseguí consciente y deliberadamente que me creciera masa muscular cuando era joven porque eso era lo que deseaba, pero ¿podemos hacer que también nos crezca hueso?

Abraham: También podéis. La diferencia es que actualmente vuestra *creencia* sobre el músculo ya existe, sobre el hueso no.

Jerry: Es cierto. Vi un hombre que desarrolló una musculatura tremenda y quise imitarle. Como muchas otras personas lo hacían, creí que yo también podría. Pero no he visto nada igual con los huesos.

Abraham: La razón por la que actualmente no hay más cosas que cambien con mayor rapidez en vuestras sociedades es porque la mayoría de las personas prestan más atención a *lo-que-es*. Para conseguir un cambio has de intentar ver más allá de *lo-que-es*.

Si quieres ver pruebas de algo antes de creértelo, se retrasa mucho todo el proceso, porque significa que has de esperar a que alguien lo cree. Pero cuando entiendes que el Universo y la Ley de la Atracción responderán a la idea que has imaginado con la misma rapidez que responden a una idea que has observado, puedes avanzar con rapidez hacia nuevas creaciones sin tener que esperar a que alguien lo haga por ti.

Jerry: Entonces, el reto es ser ese «pionero», el primero.

Abraham: La Primera Línea requiere visión y expectativas positivas, pero es donde realmente puedes encontrar el mayor júbilo. Desear algo y no tener dudas al respecto es la experiencia más satisfactoria posible, pero querer algo y no creer en tu capacidad para conseguirlo no es agradable. Cuando sólo piensas en lo que deseas, sin contradicciones constantes que te llenen de dudas o incredulidad, la respuesta del Universo llega con rapidez, y con el tiempo empiezas a sentir el poder de tu pensamiento deliberado. Pero ese tipo de pensamiento «puro» requiere práctica, que pases menos tiempo observando *lo-que-es* y más tiempo visualizando cómo te gustaría que fuera tu experiencia. Para poder contar la historia nueva y mejorada sobre tu experiencia física, has de dedicar tiempo a pensar y a hablar de la experiencia que te gustaría vivir.

Lo más poderoso que puedes hacer —lo que te dará más fuerza que ninguna otra acción— es dedicar un rato cada día a visualizar tu vida tal como quieres que sea. Te animamos a que encuentres un espacio tranquilo y donde nadie pueda molestarte, y que durante 15 minutos cierres los ojos e imagines tu cuerpo, tu entorno, tus relaciones y tu vida tal como te gustaría.

Lo que ha sido no tiene ninguna relación con lo que será, ni lo que experimentan otros tiene nada que ver con tu experiencia... Has de encontrar la manera de separarte de todo eso: del pasado y de los demás, para ser lo que quieres ser.

¿Qué sucede cuando un deseo se impone a una creencia?

Jerry: Hace miles de años que los humanos corremos, pero nadie había conseguido correr una milla en menos de cuatro minutos, hasta que un día un hombre llamado Roger Bannister lo consiguió, y cuando *él* lo hizo, otros empezaron a correr la «milla en menos de cuatro minutos».

Abraham: Cuando las personas no se dejan influir por el hecho de que, porque nadie lo haya hecho antes, *ellas* tampoco van a poder hacerlo, tienen una gran ventaja sobre los demás, porque cuando traspasan esa limitación y lo crean, los demás lo observan, y con el tiempo, llegan a *creer* o *esperar* lo mismo; por esa razón, todos tus logros son valiosos para la sociedad.

Tu plataforma para vivir de una forma progresiva continúa expandiéndose y la vida mejora para todos. No obstante, lo que queremos es que trasciendas la necesidad de ver para creer. Queremos que entiendas que si crees, *verás*. Todo lo que practicas mentalmente hasta que la idea empieza a parecerte natural ha de dar un resultado físico. La *Ley de la Atracción* te lo garantiza.

Te sentirás muy liberado cuando te des cuenta de que no has de esperar a que alguien haga algo para que te demuestre que se puede hacer, antes de que tú te autorices a hacerlo. Cuando practicas nuevos pensamientos, buscas emociones mejores y luego ves las pruebas que te manda el Universo, conoces tu verdadero poder. *Si alguien te dijera que tienes una enfermedad incurable, podrías decir con toda seguridad: «Voy a decidir lo que quiero vivir, porque soy el creador de mi experiencia». Si tu deseo es lo bastante fuerte, puede contrarrestar tus creencias negativas y empezará tu recuperación.*

No se diferencia mucho de la historia de la madre cuyo hijo se encuentra atrapado bajo un objeto muy pesado, pero que en su poderoso deseo de salvarle consigue levantarlo. Bajo condiciones normales, no hubiera podido levantar ese objeto, pero al sentir ese poderoso deseo, sus creencias habituales quedaron temporalmente anuladas. Si le dijeras: «¿*Crees* que puedes levantar ese objeto?», ella respondería: «Claro que no. Ni siquiera puedo levantar mi maleta cuando está llena». Pero la *creencia* no tenía nada que ver con *esto*: su hijo se estaba muriendo y su *deseo* de liberarlo pudo más, por eso lo hizo.

¿Y si creo en los gérmenes peligrosos?

Jerry: Realmente deseo estar sano, pero creo que puedo contagiarme con alguna cosa. Por eso, cuando visito a alguien en un hospital, retengo la respiración cuando voy por el pasillo para evitar los gérmenes.

Abraham: Debes hacer visitas muy cortas. (Risas)

Jerry: Sí, mis visitas son cortas y siempre procuro acercarme a alguna ventana para respirar aire fresco... Si creo que puedo evitar los gérmenes reteniendo la respiración, ¿esa creencia evitará que enferme?

Abraham: Aunque sea de una forma muy peculiar, consigues mantener tu equilibrio vibratorio. *Quieres* estar sano, *crees* que los gérmenes te pueden afectar, *crees* que tu conducta de evitar los gérmenes previene la enfermedad y así consigues un equilibrio que te funciona. No obstante, has optado por la vía difícil.

Si realmente escucharas a tu *Sistema de Guía,* no entrarías en un entorno en el que crees que hay gérmenes que pueden poner en peligro tu Bienestar. El miedo que sientes a entrar en un hospital es tu indicador de que estás a punto de actuar antes de haber sintonizado vibratoriamente. Podrías no ir al hospital, pero si no vas te sentirás mal porque sabes que tu amigo enfermo se alegraría mucho de verte. Así que buscas la forma de visitarle sin sentir miedo. Y eso es a lo que nos referimos cuando decimos que has de sintonizar tus vibraciones *antes* de emprender la acción de entrar en el hospital. Con el tiempo, creerás tanto en tu Bienestar, o tu *deseo* será tan fuerte, que podrás estar en cualquier sitio sin sentirte amenazado.

Si estás en armonía con *quien-eres-realmente* y escuchas a tu poderoso *Sistema de Guía,* nunca entrarás en un lugar que pueda poner en peligro tu Bienestar. Por desgracia, muchas personas no escuchan su *Sistema de Guía* por complacer a otros. Dos personas pueden entrar en un hospital, tal como tú has descrito, una de ellas no teme que eso pueda afectar a su Bienestar y la otra sí. La primera no enfermará; la segunda probablemente sí, aunque no será por los gérmenes sino por su relación vibratoria con su propio sentido del Bienestar.

No pretendemos cambiar vuestras creencias, porque no las consideramos inapropiadas. Deseamos que seáis conscientes de vuestro propio <u>*Sistema de Guía Emocional*</u> *para que podáis conseguir el equilibrio vibratorio entre vuestros deseos y vuestras creencias. Hacer lo correcto significa hacer aquello que está en armonía con tu intención y con tus creencias actuales.*

Jerry: Entonces, ¿no hay nada de malo en elegir la «vía del cobarde»?

Abraham: Hay muchas personas que no hacen caso de su *Sistema de Guía* por intentar complacer a otros, y mucha gente que te llamará «egoísta» o «cobarde» cuando tengas la audacia de autocomplacerte en vez de complacer a otros. Muchas veces te llamarán «egoísta» (porque no estarás dispuesto a rendirte a *su* propio egoísmo) sin que se den cuenta de la hipocresía de su propia petición.

A veces se nos acusa de enseñar el *egoísmo*, y admitimos que es cierto, porque si no eres lo bastante egoísta como para atender a tu propia vibración y sintonizar con tu Fuente (con *quien-eres-realmente*), tampoco tendrás nada que dar a otros. Cuando otros te llaman «egoísta» o «cobarde», sus vibraciones están claramente desequilibradas, y una modificación en tu conducta no las ayudará a encontrar su equilibrio.

Cuanto más piensas y hablas de tu bienestar físico, más te afianzas en tus patrones vibratorios de bienestar, y más te envolverá la *Ley de la Atracción* con cosas que potencien y apoyen estas creencias. *Cuanto más cuentes tu historia de Bienestar, menos vulnerable te sentirás, y no sólo cambiará tu punto de atracción para que cambien las situaciones que te rodean, sino que también te sentirás de otro modo cuando lleguen.*

Soy guiado *hacia* lo que me *gusta*

Abraham: El único camino hacia la vida que deseas es el que ofrece menor resistencia, la senda de la permisión: que permitas tu Conexión con tu Fuente, con tu *Ser Interior*, con *quieneres-realmente*, y con todo lo que deseas. Esa permisión la reconoces cuando tienes emociones positivas. Si dejas que sentirte bien sea tu mayor prioridad, siempre que tengas una conversación que no esté en armonía con la salud que deseas, te sentirás mal, y de este modo recibirás el aviso de que estás oponiendo resistencia… Entonces, podrás elegir un pensamiento mejor y volverás a estar en el camino.

Cuando sientas una emoción negativa, tu *Sistema de Guía* te ayudará a darte cuenta de que en ese momento estás ofreciendo un pensamiento de resistencia que obstaculiza la Corriente de Bienestar, que de no ser así te llegaría plenamente. Es como si tu *Sistema de Guía* te estuviera diciendo: *Ya lo has vuelto a hacer; ya lo has vuelto a hacer; ya lo has vuelto a hacer. Esta emoción negativa significa que estás en el proceso de atraer lo que no deseas.*

Muchas personas desatienden su *Sistema de Guía* tolerando la emoción negativa, y con ello se niegan el beneficio de una Guía desde una Perspectiva Más Amplia. Pero cuando la vida te ha ayudado a identificar que deseas algo, nunca podrás volver a mirar su opuesto o su carencia sin tener una emoción negativa. Cuando ha nacido un deseo en tu interior, si quieres sentirte bien has de prestarle atención. Y la razón para ello es *que no puedes ir a menos de lo que la vida te ha hecho desear.* Cuando has identificado un deseo de bienestar, o de una condición física específica, nunca más podrás volver a reflexionar en su ausencia sin sentir una emoción negativa.

Cuando sientas una emoción negativa, deja todo lo que estés haciendo o pensando y di: «¿Qué es lo que quiero?» Luego, como habrás centrado tu atención en lo que deseas, el sentimiento negativo será sustituido por otro positivo, la atracción negativa por la atracción positiva, y volverás a estar en el camino.

Primero, he de estar dispuesto a complacerme

Abraham: Cuando has estado pensando de una determinada forma durante un tiempo, no es fácil cambiar de golpe la dirección de tus pensamientos, porque la *Ley de la Atracción* te está aportando pensamientos que coinciden con tu forma de pensar actual. A veces, cuando estás en la modalidad negativa, otra persona que no esté en ese mismo estado no estará de acuerdo con tu visión negativa sobre un tema, lo cual no hace más que incitarte a defender tu postura. *Intentar defender o justificar tu opinión sólo consigue que mantengas más tiempo esa resistencia. La razón por la que tantas personas se aferran a la resistencia innecesariamente es porque les importa más tener «razón» que sentirse bien.*

Cuando te encuentras con personas que están dispuestas a convencerte de que tienen razón e intentan mantener contigo una conversación negativa para llevarte a su terreno, a veces te considerarán «insensible» o «indiferente» si no las escuchas y acabas aceptando su punto de vista. Pero cuando saboteas tu buen estado de ánimo (que se produce cuando eliges pensamientos que armonizan con tu Perspectiva Más Amplia) para intentar complacer a un amigo negativo que quiere utilizarte para escucharse a sí mismo, estás pagando un precio muy alto por algo que no ayudará a ninguno de los dos. Ese desagradable nudo en tu estómago es tu *Ser Interior* que te está diciendo: *Esta conducta, esta conversación, no están en armonía con lo que deseas.* Has de estar dispuesto a complacerte a ti primero, o de lo contrario te verás arrastrado por la negatividad que te envuelve.

¿Hay un momento adecuado para morir?

Jerry: ¿Existe algún límite de control para tu estado corporal cuando te acercas a los 100 años?

Abraham: Sólo las limitaciones de tu pensamiento limitado, y todas ellas son autoimpuestas.

Jerry: ¿Hay un tiempo para morir, y si lo hay, cuándo es?

Abraham: No existe el final de la Conciencia del Yo, por lo tanto, no existe realmente la «muerte». Pero llegará un momento en que tu Conciencia dejará de fluir a través de este cuerpo físico en particular que identificas como tu yo.

De ti depende cuándo quieres apartar tu atención de este cuerpo. Si has aprendido a dirigir tu atención a cosas agradables, y sigues encontrando cosas en este entorno que te entusiasman e interesan, no hay un límite para la cantidad de tiempo que puedes permanecer enfocado en este cuerpo físico. Pero cuando diriges tu atención negativamente de forma crónica, va disminuyendo tu Conexión con la Corriente de la Fuente de Energía, tu experiencia física se acorta, porque tu instrumento físico no puede sobrevivir demasiado sin que la Fuente de Energía lo renueve. *Tu emoción negativa es una señal de que estás cortando el suministro de la Fuente de Energía. Sé feliz y vive mucho.*

¿Son todas las muertes una forma de suicidio?

Jerry: Entonces, ¿todas las muertes son una forma de suicidio?

Abraham: Podría ser una forma de expresarlo. Puesto que todas tus experiencias se deben a tus pensamientos, y nadie puede pensar por ti ni ofrecer tu vibración, todo lo que te sucede en la vida —incluido lo que denominas muerte física— es autoimpuesto. *La mayoría de las personas no deciden morir, sencillamente no deciden seguir viviendo.*

Jerry: ¿Qué pensáis de los que deciden morir y se suicidan?

Abraham: No tiene importancia si lo que estás pensando lo has elegido a propósito o si simplemente lo estás observando cansinamente; la cuestión es que sea como fuere lo que estás pensando, estás emitiendo una vibración y cosechando la manifestación de su resultado. Siempre creas tu realidad tanto si lo haces intencionadamente como si no.

Hay personas que intentan controlar tu conducta por muchas razones diferentes, que incluso pretenden inmiscuirse en tu experiencia personal, pero su grado de frustración es muy elevado porque no es posible controlar a los demás, y todo intento de control es fútil, una pérdida de tiempo. Por eso hay mucha gente que no se siente a gusto con la idea de que otros salgan deliberadamente de esta experiencia física por medio del «suicidio», pero nosotros queremos que entiendas que incluso si haces eso, no dejas de existir, y tanto si sales de esta experiencia física mediante el «suicidio» deliberado como si te liberas del modo no-deliberado, el Ser Eterno que eres continuará siendo, y sólo contemplará la experiencia física que acaba de dejar atrás con amor y aprecio.

Hay personas que están tan cargadas de odio en su experiencia física que la desconexión crónica de la Fuente y del Bienestar es la razón de su muerte. Hay otras que simplemente ya no encuentran suficientes razones interesantes para seguir viviendo y quedarse en vuestro planeta, entonces dirigen su atención a lo No-Físico, y esa es la razón de su muerte. Y hay las que no han llegado a entender la Energía, el pensamiento o la sintonización, que desean desesperadamente sentirse bien, y como no pueden encontrar la forma de detener el sufrimiento crónico que han vivido durante tanto tiempo, eligen deliberadamente volver a fusionarse con lo No-Físico. Pero en cualquier caso, sois Seres Eternos, que cuando os volvéis a concentrar en lo No-Físico, volvéis a ser completos, os renováis y sintonizáis totalmente con *quienes-sois-realmente.*

Jerry: Entonces, ¿elegimos todos en cierta medida cuánto vamos a vivir en cada experiencia de vida?

Abraham: Venís con la intención de vivir y de expandiros con alegría. Cuando no escucháis a vuestro *Sistema de Guía,* seguís encontrando pensamientos que no permiten la conexión con vuestra Fuente, reducís esa Conexión con vuestra Corriente de la Fuente de Energía que os recarga, y sin ello, os marchitáis.

¿Hay algún proceso para controlar el peso?

Jerry: ¿Qué proceso recomendaríais a quienes quieren controlar su peso?

Abraham: Hay muchísimas creencias respecto a este tema. Por lo tanto se han probado muchos métodos diferentes, y muchos Seres que luchan por controlar su peso han probado bastantes de ellos con pocos resultados duraderos. Hasta que, al final, llegan a *creer* que no pueden controlar su peso, y así es.

Les aconsejaríamos que se visualizaran tal como quieren ser, y viéndose de ese modo, lo atraerán. Las ideas, la confirmación de los demás y de todas las circunstancias y acontecimientos llegarán fácil y rápidamente a su experiencia en cuanto se empiecen a ver de ese modo.

Cuando te consideras gordo, no puedes atraer la delgadez. Cuando te consideras pobre, no puedes atraer prosperidad. Lo que eres —el estado de ser que *sientes*— es el lugar desde donde atraes. Esta es la razón por la que «todo va de mejor en mejor; o todo va de mal en peor».

Cuando sientes mucha negatividad respecto a algo, no intentes acabar con ello por la fuerza o resolverlo de inmediato, porque la atención negativa que le ofreces sólo empeora las cosas. Distráete de ese pensamiento hasta que te sientas mejor; y luego vuelve a ello desde una perspectiva positiva y renovada.

Jerry: Entonces, ¿es esa la razón por la que las personas que inician «dietas de choque» y pierden muchos kilos luego los recuperan? ¿Se debe a que, aunque su *deseo* fuera fuerte, no tenían la *creencia* y la imagen de sí mismas como personas delgadas y volvieron a la imagen de la persona obesa?

Abraham: Quieren la comida; *creen* que la comida las engorda. Así, mientras prestan atención a lo que *no* desean, en su *creencia* crean lo que no desean. Pero, de nuevo, eso es ir por la vía difícil. En general, la razón por la que pierden peso y lo recobran con tanta rapidez es porque nunca han creado una imagen de cómo quieren ser. Se siguen sintiendo gordas. Siguen pensando en sí mismas de ese modo, y esa es la imagen que tienen... El cuerpo siempre responderá a esa imagen. Esa es la razón por la que si te ves sano, lo estarás. Si te ves delgado, o como quiera que desees verte en lo que a músculos, forma o peso se refiere, así es como serás.

Respecto a la comida, ¿puedo comer lo que quiera?

Abraham: Algunas personas han argüido que si siguen nuestro consejo y hacen lo que les proporciona placer —buscar siempre las cosas con las que te sientes bien—, comerían cosas que son perjudiciales para su salud o para su peso. Muchas veces las personas eligen la comida para intentar llenar su vacío cuando no se encuentran bien. Sin embargo, si has practicado equilibrarte vibratoriamente durante algún tiempo, y conoces el poder de dirigir positivamente tus pensamientos hacia la imagen de tu cuerpo tal como quieres que sea, y si crees que comer cierto tipo de comida va en contra de la consecución de ese deseo, aparecerá la emoción negativa para guiarte. *Nunca es buena idea realizar una acción que te provoque una emoción negativa, porque la emoción negativa significa que hay un desequilibrio de Energía, y cualquier acción que realices durante la emoción negativa siempre dará resultados negativos.*

La emoción negativa no se produce en una persona debido a que cierto tipo de comida sea contraria a su Bienestar, sino por la corriente contradictoria de sus pensamientos. Dos personas pueden comer dietas idénticas y seguir programas de ejercicio similares y conseguir resultados opuestos, lo que significa que hay más cosas implicadas que la ingestión de alimentos y quemar calorías. *Tus resultados siempre se deben al grado de sintonización con la Energía al que te conducen tus pensamientos.*

Una buena regla es: «Sé feliz, luego come. Pero no intentes comer para ser feliz». Cuando conviertes tu equilibrio emocional en tu prioridad absoluta, tu relación con la comida cambiará, así como tu impulso hacia ella, pero lo más importante es que también cambiará tu respuesta hacia ella. Cambiar tu *conducta* respecto a la comida sin cambiar tu vibración da resultados mínimos, mientras que cambiar tu *pensamiento* te ofrecerá grandes resultados sin que necesariamente tengas que cambiar tu *conducta*.

Por eso, aunque hayas decidido que quieres ser muy delgado, actualmente no te ves como te gustaría ser. Y tu creencia es: *si como esto, me engordaré*. Como tienes el *deseo* de ser delgado, pero también tienes la creencia de que ese alimento te engordará, notarás una emoción negativa si te lo comes. Puede que lo llames *culpabilidad, decepción* o *rabia*, pero sea lo que sea, *comer ese alimento te sienta mal porque debido a tus creencias y a tu deseo, esta acción no está en armonía. Por eso, si buscas tu placer, te sentirás bien comiendo las cosas que están en armonía con tus creencias, y mal con las cosas que no lo están. Cuando has afianzado un deseo en tu interior, no es posible tener una conducta que consideras contradictoria sin que sientas una emoción negativa.*

¿Cuáles son mis creencias respecto a la comida?

Abraham: Tus creencias respecto a la comida se reflejan claramente en tus experiencias:

- Si *crees* que puedes comer casi de todo sin engordar, esa será tu experiencia.

- Si *crees* que puedes engordar fácilmente, engordarás.
- Si *crees* que ciertos alimentos te dan más energía, te la darán.
- Si *crees* que ciertos alimentos te restan energía, lo harán.
- Si quieres adelgazar, pero crees que cierta dieta no te va a ayudar, pero aun así la sigues, engordarás.

Algunas personas rechazan nuestro análisis aparentemente simplista de vuestras ideas respecto a la comida y a cómo afectan a vuestra realidad física, porque creen que sus creencias se han forjado gracias a la experiencia, y les cuesta ir en contra de la evidencia de los «hechos» que les ha proporcionado su propia vida y la observación de la vida de los demás.

Sin embargo, observar los resultados te da una información escasa e inadecuada, pues a menos que separes el *deseo* de la *expectativa,* calcular la acción de lo que has comido o dejado de comer no tiene ningún efecto. Sencillamente, no puedes dejar fuera el ingrediente más importante en la receta de la creación y entender el resultado.

Las personas responden de forma diferente a la comida porque la comida no es la constante: el pensamiento lo es. Es tu forma de pensar respecto a la comida lo que importa.

Las opiniones de los demás respecto a mi cuerpo son insignificantes

Pregunta: Una persona importante para mí me indicó que tengo un pequeño michelín en la cintura y que valdría la pena que intentara deshacerme de él: podía hacer ejercicio, comer menos o comer ensaladas. Puesto que ella me importa, me lo tomé en serio, y se hizo más grande.

Abraham: Lo más importante que queremos que entiendas es que cuando utilices la palabra *persona,* utilices siempre la palabra *insignificante* respecto a ella o él. (Risas)

Entendemos que las personas que te rodean sean importantes, pero no has de dejar que sus opiniones sobre ti sean más importantes que la tuya, y que cada vez que alguien intente influir en ti para que te concentres en algo que no te gusta, recibas una influencia negativa.

Queremos que practiques tanto tus pensamientos que las opiniones de los demás no te importen. La única forma de que experimentes la libertad será cuando no sientas resistencia, lo que significa que habrás aprendido a sintonizar tus pensamientos crónicos con los de tu *Ser Interior*. Nunca hemos visto a nadie que consiguiera sintonizar o sentirse libre preocupándose de los deseos y las creencias de los demás. Hay demasiados factores cambiantes y no se pueden ordenar.

Por eso, si alguien te dice: «Veo algo en ti que no me gusta», tú le responderás: «Mira hacia otra parte: ¿qué te parece mi nariz? ¿Es mona, verdad? (Risas) ¿Qué te parece esta oreja?» Dicho de otro modo, animaríamos a la otra persona a que buscara los aspectos positivos, seríamos bromistas y no dejaríamos que nos hirieran los sentimientos. De hecho, practicaríamos pensamientos positivos sobre nuestra vida hasta que no pudieran herirnos.

Un ejemplo de mi «vieja historia» respecto a mi cuerpo

No me gusta mi cuerpo. Ha habido momentos en mi vida que he estado en forma y delgado/a, pero nunca ha sido fácil, y esos períodos nunca han durado demasiado. Siempre me ha parecido que he tenido que hacer un esfuerzo desproporcionado para acercarme al aspecto que he querido tener, y luego no he podido mantenerlo. Estoy harto/a de privarme de cosas buenas para no conseguir lo que quiero. Es muy duro. Sencillamente no tengo el tipo de metabolismo que me permita comer mucho de lo que me gusta. No es justo. Pero tampoco me gusta estar gordo/a...

Un ejemplo de mi «nueva historia» respecto a mi cuerpo

Mi cuerpo es un reflejo de la mayoría de mis pensamientos. Me alegro de entender el poder de dirigir mis pensamientos y estoy esperando ver los cambios físicos que se van a producir y que reflejarán los cambios en mi forma de pensar. Me siento bien cuando pienso en mi nueva talla y línea, y estoy seguro/a de que esos cambios están en proceso. Entretanto, me encuentro muy bien y no soy desgraciado/a por ser como soy ahora. Es divertido pensar deliberadamente, y todavía más ver los resultados de los pensamientos que he elegido deliberadamente. Mi cuerpo responde bien a mis pensamientos. Me gusta saber eso.

No hay una forma correcta o incorrecta de contar tu nueva historia mejorada. Puede ser sobre el pasado, el presente o el futuro. El único criterio que importa es que seas consciente de tu intención de contar una versión mejorada de tu historia. Contar muchas historias breves y agradables a lo largo del día cambiará tu punto de atracción. Basta con que recuerdes que la historia que *cuentas* es el pilar de *tu* vida. Así que cuéntala tal como quieres que sea.

PARTE V

La profesión como una fuente provechosa de placer

¿Cuáles son mis primeros pasos en la elección de una carrera?

Jerry: ¿Cómo podemos saber que hemos elegido la carrera correcta? ¿Y cómo podemos tener éxito en la profesión que hemos elegido?

Abraham: ¿Cuál es tu definición de *carrera*?

Jerry: Una *carrera* es como el trabajo de tu vida. Una ocupación en la que las personas puedan entregarse y dar lo mejor de sí mismas. Y por supuesto, en la mayoría de los casos, también quieren conseguir una remuneración económica.

Abraham: ¿Qué quieres decir con el *trabajo de tu vida*?

Jerry: Algún trabajo que las personas piensen que pueden hacer durante el resto de sus vidas, como un empleo, profesión o negocio…

Abraham: ¿Nos estás diciendo que es una creencia extendida o un deseo aceptado por vuestra cultura eso de elegir una carrera y esperar vivir felizmente haciendo una misma cosa, por siempre jamás?

Jerry: Bueno, que yo recuerde, siempre ha sido así. Desde que era muy joven, la gente me empezó a preguntar qué iba a ser cuando fuera mayor. Es curioso, porque me doy cuenta de que incluso cuando era muy joven, los adultos me inculcaron la necesidad de elegir una carrera; recuerdo que un día observé al lechero cuando repartía la hermosa y deliciosa leche en botellas de vidrio, y al verle marchar pensé que me gustaría hacer eso. Luego vi a un policía que hizo que mi madre parara el coche guiándola hacia el arcén, y sentí una gran admiración por cualquiera que consiguiera que mi madre hiciera algo, así que durante un rato pensé que quería ser policía. Al poco tiempo, me rompí un brazo y un médico me lo enyesó, y pensé que quería ser médico; luego nuestra casa se incendió, y quise ser bombero.

Incluso después de convertirme en lo que muchos considerarían un adulto, todavía seguía observando multitud de opciones para mi perspectiva siempre cambiante. Mis seres queridos estaban un poco decepcionados al ver que iba de una cosa a otra en lugar de centrarme en lo que debería ser el «trabajo o la carrera de mi vida».

Abraham: Muchas personas, al leer tu historia de la infancia sobre los acontecimientos que influyeron en tus ideas acerca de lo que querías ser cuando fueras mayor, seguramente considerarían tus cambiantes ideas como infantiles o poco realistas. Reconocemos que las cosas que te suceden en la vida siempre te inspiran, y cuando te permites seguir el flujo de esas ideas inspiradas, tu potencial para vivir una experiencia gozosa es mucho mayor que si eliges tu carrera basándote en otras razones que la gente usa para justificar sus elecciones, como la tradición familiar o la remuneración económica.

No nos extraña que haya tantas personas a las que les cueste decidir qué es lo que van a hacer durante el resto de sus vidas, porque sois Seres polifacéticos, y vuestra intención principal es disfrutar de vuestro pilar de libertad absoluta y, en vuestra búsqueda de experiencias agradables, experimentar expansión y crecimiento. Es decir, sin una verdadera percepción de la *libertad*, nunca seréis *felices*; y sin *felicidad*, no podéis experimentar la verdadera *expansión*. Así que, por infantil que pueda parecerles a muchos, es normal que tu vida te inspire tu próxima aventura, y la próxima y la próxima.

Te animamos a que en la etapa más temprana posible, tu principal intención y razón de existir sea vivir feliz por siempre jamás. Esa sería una muy buena elección de carrera: dirigirte hacia aquellas actividades y deseos que estén en armonía con tus intenciones básicas, que son la libertad, el crecimiento y la felicidad. *Que tu carrera sea una vida feliz en lugar de intentar encontrar el trabajo que te proporcione unos ingresos suficientes para poder hacer cosas que te hagan feliz. Cuando lo más importante para ti es ser feliz —y lo que haces para «ganarte la vida» te gusta—, has encontrado la mejor fórmula.*

Puedes ser muy bueno sintiéndote bien en cualquier circunstancia, pero cuando eres un experto en encontrar tu equilibrio vibratorio —y luego atraes circunstancias y acontecimientos desde una actitud de felicidad—, tu potencial para mantener la felicidad es mucho mayor.

«¿Qué haces para ganarte la vida?»

Jerry: Actualmente todavía hay culturas (a las que llamamos primitivas o salvajes) que parecen vivir el momento presente, que no tienen empleos. Es decir, cuando tienen hambre van a pescar o a recoger algún fruto.

Abraham: ¿Crees que leerán esto? (Risas) [No, no lo creo.] ¿Cuál es el tipo de personas que crees que leerán esto?

Jerry: Las personas que creen que es esencial tener algún tipo de trabajo que produzca unos ingresos.

Abraham: ¿Cuál crees que es la razón por la que la gente piensa que debe escoger pronto una carrera y luego ejercerla durante el resto de su vida?

Jerry: Por supuesto, no puedo hablar en nombre de todos, pero casi parece una actitud moral o ética el hecho de que *debemos,* o *deberíamos,* encontrar un trabajo que produzca dinero. En otras palabras, parece inapropiado recibir dinero sin dar algo a cambio o sin ser productivo de alguna manera.

Abraham: Tienes razón. La mayor parte de las personas necesitan justificar su existencia con su esfuerzo o trabajo, y quizás esa sea la razón por la que la primera pregunta que os hacéis al conoceros sea: *¿A qué te dedicas?*

Jerry: Durante unos 40 años me he ganado la vida trabajando aproximadamente una hora y media al día. Y con frecuencia puedo notar cierto resentimiento en algunas personas al ver que gano tanto en tan poco tiempo, lo cual suele provocar en mí una justificación para explicar cuánta energía gasto durante esos 90 minutos, cuántos años me ha costado ser un experto en lo que hago, o cuánto tiempo tenía que conducir antes de ir a trabajar. O sea, siempre sentía la necesidad de justificar que en realidad estaba pagando un precio justo por lo que estaba recibiendo.

Abraham: Cuando estás en armonía vibratoria (lo que significa que estás en armonía con tu Fuente y que tus deseos y creencias también lo están), nunca sientes la necesidad de justificarte ante nadie. Muchas personas intentan justificar su conducta o ideas ante los demás, pero no es aconsejable usar las opiniones ajenas como guía para sintonizar, en lugar de utilizar tu propio *Sistema de Guía.*

Cuando eres joven, muchas personas intentan exigirte que cumplas sus reglas y estés de acuerdo con sus opiniones, pero si consientes en que lo que ellos quieren sea la norma por la que tomas tus decisiones, no harás más que alejarte de la armonía con *quien-eres-realmente* y de las intenciones con las que naciste, así como de las que has desarrollado en tu vida. *Nunca experimentarás la delicia de sentirte libre hasta que te deshagas de tu deseo de complacer a otros y lo sustituyas por la poderosa intención de sintonizar con quien-eres-realmente (con tu Fuente), preocupándote de cómo te sientes y eligiendo pensamientos agradables que te indicarán que has sintonizado.*

Cuando notas que alguien te desaprueba o te ataca, la respuesta natural es defenderse, pero esa necesidad de defenderse desaparece rápidamente cuando tienes la práctica de sintonizar con tu Ser Interior, porque todos los sentimientos de vulnerabilidad habrán sido reemplazados por el firme sentimiento de *quien-eres-realmente.*

No importa qué decisiones tomes, siempre habrá alguien que no estará de acuerdo con algunas de ellas; pero a medida que vas encontrando tu equilibrio y conservas tu sintonía, la mayoría de las personas tenderán a preguntarte cuál es tu secreto del éxito en lugar de criticarte por ello. Y los que siguen criticándote no encontrarán satisfacción alguna en tu justificación, por muy convincente que sea tu argumento.

No es tu misión arreglar el sentimiento de escasez de los demás; tu papel es mantenerte tú en armonía. Cuando dejas que tu sociedad, o incluso que otra persona, te diga lo que deberías querer o cómo deberías comportarte, pierdes tu armonía, porque tu sentido de libertad —que es esencial para tu Existencia— se ve amenazado. *Cuando pones atención en cómo te sientes y practicas los pensamientos que te dan fuerza para sintonizar con quien-eres-realmente, estás dando un ejemplo de prosperidad que será de gran valor para los que se beneficien al observarte.*

No puedes ser lo bastante pobre para ayudar a medrar a los pobres, ni estar lo bastante enfermo como para ayudar a los enfermos a recuperarse. La única forma que puedes ayudar es desde tu posición de fortaleza, claridad y sintonización.

* * *

La *Ley de la Atracción* y la profesión

Abraham: ¿Cuál es la principal razón de desear tener una carrera?

Jerry: No hace mucho leí un estudio donde se llegaba a la conclusión de que lo que buscan la mayoría de las personas es *prestigio*. Es decir, si se les ofrecía la opción de conseguir un título superior o tener más dinero, la mayoría elegían el título.

Abraham: Los que buscan prestigio han sustituido su *Sistema de Guía* por la búsqueda de la aprobación de los demás, y esa es una forma bastante pobre de vivir, porque los observadores a los que intentan complacer no mantienen mucho tiempo su atención puesta en ellos. Es muy probable que ese estudio sea bastante acertado, porque a la mayoría de las personas les importa más lo que piensen otros de ellos que lo que están sintiendo, pero esa forma de guía no guarda ninguna coherencia.

A veces la gente piensa que si antepone su felicidad a todas las cosas, es injusta o no se preocupa por los demás, pero nosotros sabemos que es justo lo contrario. *Cuando sintonizas con tu Fuente, lo cual viene indicado por tu estado de ánimo, e intentas mantener esa Conexión, cualquiera que sea el objeto de tu atención se beneficiará de ella. No puedes ayudar a otros a menos que estés conectado a la Corriente de Bienestar.*

Sabemos que ser el objeto de atención de los demás cuando sienten aprecio por ti puede ser muy agradable, porque están haciendo exactamente lo que te estamos explicando: en su aprecio están conectados con la Fuente y lo vierten en ti. Pero pedir a los demás que siempre estén en armonía con la Fuente y que seas su objeto de atención para poder recibir el Bienestar que te están proporcionando, no es práctico, porque no puedes controlar su conexión, y no siempre serás el objeto de su atención. No obstante, sí tienes el control absoluto de tu Conexión con la Fuente, y cuando tu principal intención es mantener esa Conexión dejando fuera a los demás, tendrás la libertad para intentar complacerles si lo deseas (lo que no puedes hacer sistemáticamente), y mantener la Conexión y el sentimiento de Bienestar.

Una cosa importante que has de observar en las personas que observan sus sentimientos —que sistemáticamente mantienen la actitud de sentir emociones positivas; que están conectadas con la Fuente y que proyectan pensamientos positivos hacia todo aquello en lo que ponen atención— es si los demás las consideran *atractivas* y si suelen ser el objeto de su atención y aprobación.

No puedes conseguir la aprobación que buscas desde la *necesidad* o desde la *escasez*. Una oficina con una maravillosa vista, un aparcamiento con tu nombre o un impresionante título no pueden llenar el vacío de no estar en armonía con *quien-eres-realmente*. Cuando consigues sintonizar, esas cosas tienen menos importancia, pero curiosamente, es entonces cuando llegan.

¿Puedo llenar mi vacío con el servicio?

Jerry: Durante 20 años he desempeñado una gran variedad de cargos en la industria del espectáculo, y la verdad es que me he divertido mucho; sólo dedicaba unas pocas horas al día, y tenía muchos retos, porque me proporcionaba muchas experiencias nuevas... Sin embargo, con frecuencia decía a los demás que me sentía como si estuviera caminando por las arenas de la vida, pero que cuando miraba atrás no veía huellas. En otras palabras, sentía que proporcionaba a mi público un placer temporal, pero que no les dejaba nada de valor permanente.

¿Tenemos todos una preocupación innata de ayudar a los demás? ¿Procede de algún otro nivel de nosotros mismos, o captamos esas intenciones de los que nos rodean en el momento en que nacemos en este entorno físico?

Abraham: Naces con el deseo de ser útil, de ayudar y sabiendo que vales. La mayor parte de ese sentimiento de carencia que estabas describiendo no se debía a que no pudieras proporcionar algo duradero a los demás, sino porque tus pensamientos te alejaban de tu estado de sintonización personal. Esto funciona así: cuando sintonizas con *quien-eres-realmente* (con tu *Ser Interior* o la Fuente), no puedes hacer otra cosa que ayudar a evolucionar a las personas que entran en contacto contigo; *y* cuando estás en sintonía, no ves a tantas personas que no lo estén. *La Ley de la Atracción no te rodea de personas insatisfechas cuando estás satisfecho. Y la Ley de la Atracción no te rodea de personas satisfechas cuando estás insatisfecho.*

Simplemente, no puedes compensar tu desarmonía con más tiempo, energía o acción. No puedes encontrar ideas que sean lo bastante eficaces para compensar la diferencia. El valor que tendrás para quienes te rodean se basará en una sola cosa: tu estado de sintonización con la Fuente. Lo único que has de darle a otra persona es un ejemplo de ese estado de sintonía, que la otra persona podrá observar, desear e intentar conseguir. Pero tú no se lo puedes dar.

El entretenimiento que proporcionabas a tu público era un regalo mucho mayor de lo que eras capaz de reconocer en aquellos tiempos, pues les estabas distrayendo de sus problemas; y al olvidarse de sus problemas, en muchos casos consiguieron sintonizar temporalmente con su Fuente. Pero no puedes pretender ser el objeto de la atención de cada uno de ellos para mantenerlos en ese estado. *Cada persona es responsable de sus pensamientos y de las cosas a las que eligen prestar atención.*

Todos poseéis el conocimiento profundo de que sois creadores felices, y que siempre se os está instando a que consigáis ese logro, pero la lista de requerimientos que se espera que cumplas no es demasiado larga. Tu intención era dejar que el entorno físico te inspirara infinitas ideas de expansión o deseo, y luego intentaste sintonizar con tu Fuente de Energía interior para materializar esas ideas. Es decir, sabías que tus deseos nacerían de tu participación, y que cuando el deseo hubiera cobrado vida dentro de ti, podrías centrar tus pensamientos hasta que consiguieras un sentimiento de expectativa, y entonces tu deseo daría fruto.

El principal papel que han desempeñado los demás en esa ecuación para la creación es que te han proporcionado la variedad de la que han nacido tus deseos. *Tu intención no era demostrar lo que vales comparándote con ellos, sino recibir la inspiración de nuevas ideas gracias a la combinación de las cosas que te rodean. Cualquier comparación con los demás es sólo para inspirarte a expandir tu deseo. Nunca fue con la intención de desvalorizarte o restarte valor.*

Tu vida no empieza después del trabajo, el fin de semana o cuando te jubiles. Tu vida está sucediendo ahora, y está representada por tu estado de ánimo actual. Si tu trabajo no te gusta, no te llena o te parece duro, no es porque estés en el lugar inapropiado, sino porque tu perspectiva está empañada por pensamientos contradictorios.

No puedes tener un final feliz en un viaje que no ha sido agradable durante el trayecto. El fin nunca justifica los medios. Los medios o el camino siempre aportan la esencia para un mismo final.

¿Ayudará mi éxito a los demás?

Jerry: Mi libertad siempre ha sido lo más importante para mí, por eso nunca he querido renunciar mucho a ella por dinero. Siempre había dicho que no me interesaba demasiado el dinero porque no estaba dispuesto a perder mi libertad, pero luego con el tiempo ese sentimiento de «no dejar huellas en la arena» me hizo plantearme si no había algo más en la vida que pasárselo bien.

Al poco tiempo de pensar eso, descubrí el libro *Piense y hágase rico,* y aunque la idea de *pensar* en hacerme rico era algo que había negado que me interesara, el libro me llamó la atención y me sentí muy atraído. Lo cogí, y encontré algo que fue de vital importancia en mi vida y que me puso los pelos de punta. El libro decía: *¡Toma una decisión respecto a lo que quieres!* Parecía una afirmación sencilla, pero sentí su poder de una forma nueva y extraña, así que por primera vez en mi vida, empecé a tomar decisiones respecto a lo que quería y a escribirlas: «Quiero trabajar por cuenta propia; quiero tener mi propio negocio; no quiero tener un sitio para mi negocio; no quiero estar esclavizado, no quiero tener empleados, no quiero ese tipo de responsabilidad. Lo que quiero es *libertad*».

Quería controlar mis ingresos. Tener movilidad para viajar o estar donde me apeteciera. *Quería que mi trabajo pudiera elevar a cada vida con la que entrara en contacto (o sencillamente dejar que las personas se quedaran donde estaban), pero que nunca nadie se sintiera menospreciado a raíz de haberme conocido.*

La gente se reía cuando les decía eso. Decían: «Oh, Jerry, eres un soñador. Eso no existe». Y cuando les respondía: «Bueno, ha de existir. Emerson dijo: "No tendríais el deseo si no fuerais capaces de conseguirlo"». Y yo me lo creí. Así que realmente esperaba que aparecieran oportunidades en alguna parte del camino...

A los 30 días de haber aclarado lo que deseaba, conocí a un hombre que me enseñó un negocio que podía trasladar a California y empezarlo sin más; eso fue la respuesta a todo lo que había estado pidiendo. Así que durante los próximos años de mi vida, ese negocio realmente prosperó. De nuevo, satisfizo la esencia de todo lo que yo había escrito y deseado.

* * *

Quiero libertad, crecer y ser feliz

Jerry: No le dije que quería algo que yo fuera capaz de hacer o que tuviera ese talento, habilidad o inteligencia para ello, sencillamente le dije: *Esto es lo que quiero.*

¿Podemos conseguirlo todos? ¿Podemos tener todo lo que deseamos cuando hemos aclarado qué es lo que queremos?

Abraham: Sí. *Si esta experiencia de vida te ha inspirado el deseo en tu interior, es porque tiene los medios para satisfacerla hasta el último detalle.*

Tus experiencias de mucho tiempo te hicieron madurar la decisión sobre lo que querías. Tu intención de concentrarte en esas decisiones y de escribirlas de manera exhaustiva te ayudó a ensalzar tu *creencia* respecto a las mismas. Y cuando tus *deseos* y *creencias* se unen, se producen las *expectativas*. Y cuando ya tienes dentro la *expectativa*, lo que esperas llega rápidamente a tu experiencia.

Ser libre era el elemento más importante en los deseos que tuviste durante algún tiempo, y cuando viste algo que creías que no amenazaría tu deseo de libertad pero que tenía el potencial para proporcionarte ingresos, permitiste que se expandiera tu deseo de recibir más ingresos, mientras que antes todo lo que percibías como algo que pudiera mermar tu libertad lo repelías inmediatamente.

Todos nacisteis con tres intenciones que vibraban en vuestro interior: *libertad, crecimiento* y *felicidad*. La *libertad* es la esencia de lo que eres porque todo lo que llega a tu vida lo hace como respuesta a tus pensamientos, y nadie más tiene control sobre tus pensamientos. Cuando la *felicidad* es lo más importante para ti, de modo que puedes entrenar paulatinamente tus pensamientos hasta que sintonicen con *quien-eres-realmente*, toda la resistencia desaparece, y entonces permites la *expansión* o el *crecimiento* que te ha inspirado en tu interior tu experiencia de la vida.

Quiero sentirme bien en la vida

Abraham: Cuando eliges una profesión o realizas las tareas que te exige tu trabajo actual, si tu principal intención es sentirte bien mientras lo haces, tus tres intenciones estarán rápida y fácilmente en sintonía, porque en ese logro de sentirte bien, sintonizas por completo con los aspectos más amplios y No-Físicos de tu Ser. Esa armonía permite tu expansión hacia todo aquello que tu vida te ha ayudado a identificar, de modo que tu crecimiento es rápido y satisfactorio.

La *libertad* es el pilar de tu experiencia de vida, no algo que tengas que ganar. La *felicidad* es tu objetivo. El *crecimiento* es el resultado. Pero si crees que no eres merecedor y pretendes probar tu valía mediante la acción, no encontrarás el equilibrio. Explicamos con frecuencia este trío perfecto de intenciones de *libertad, crecimiento* y *felicidad,* pero la mayor parte de los Seres físicos trasladan inmediatamente su atención a la idea del *crecimiento* en su erróneo intento de querer probar lo que valen; pero su valor nunca se ha puesto en duda. No tienes nada que probar a nadie, ni nada que justificar. *Tu razón para existir no necesita justificación, pues tu propia existencia está más que justificada.*

Creo mi propia carrera gozosa

Abraham: Nos gustaría que vuestra «carrera» fuera crear una experiencia de vida feliz. No sois creadores de objetos, ni repetidores de lo que otro ha creado o recogido. *Sois creadores, y el objeto de vuestra creación es gozar de vuestra experiencia de vida. Esa es vuestra misión. Esa es la razón por la que estáis aquí.*

¿Es inmoral obtener sin dar?

Jerry: Abraham, ¿consideraríais moral o éticamente correcto no dar nunca nada a cambio? Es decir, hay personas que viven de una herencia, o que han conseguido el dinero jugando a la lotería, o que viven de la caridad o de donaciones; ¿lo considerarías apropiado para *todos* nosotros?

Abraham: Tu pregunta sigue dando a entender que hay que pagar un precio por el Bienestar y que se requiere algún tipo de acción para justificarlo. Eso no es así. *No es ni necesario ni posible justificar el Bienestar que fluye hacia ti, pero sí lo es sintonizar con él. No te puedes centrar en la ausencia de Bienestar y permitir que éste llegue a tu experiencia.*

Muchas personas ponen la atención en cosas no deseadas, sin prestar una atención deliberada a su Guía emocional interior, entonces intentan compensar su pensamiento de escasez con la acción física. Y debido a esa falta de sintonía de la Energía, no consiguen resultados por sus acciones, y entonces se esfuerzan actuando más, pero las cosas no mejoran.

Al igual que el aire que respiras, tienes a tu disposición la abundancia de todo. Simplemente, tu vida es tan buena como permites que lo sea.

Si crees que has de trabajar mucho para conseguir riqueza, ésta no llegará sin esfuerzo. Pero hay muchos casos en que cuanto más trabajas, peor te sientes, y cuanto peor te sientes, más impides que lleguen los frutos deseados de tu esfuerzo. No es de extrañar que haya tantas personas que se desanimen y que no sepan hacia dónde dirigirse, pues hagan lo que hagan, no prosperan.

El *aprecio*, el *amor* y la *sintonización* con la Fuente es lo mejor que se puede ofrecer, por así decirlo. En tu *dolor* o *lucha*, no tienes nada que ofrecer. Muchas personas se quejan de que se cometen injusticias cuando ven que otras personas reciben mucho realizando aparentemente poco esfuerzo, mientras que otras que trabajan muy duro reciben muy poco, pero la *Ley de la Atracción* siempre es coherente. *Lo que vives siempre es una réplica exacta de tus patrones vibratorios de pensamiento. Nada puede ser más justo que la vida tal como la estás viviendo, pues mientras piensas, vibras, y mientras vibras, estás atrayendo, y por eso siempre atraes la esencia de lo que das.*

Jerry: Si, por así decir, sacamos el dinero de esta ecuación, si no *actuamos* por dinero, ¿qué *deberíamos* hacer con nuestra vida?

Abraham: Lo que hacen la mayoría de las personas con la mayor parte de sus vidas es actuar para compensar su desequilibrio vibratorio. Es decir, piensan mucho en lo que *no quieren*, y con ello, evitan que lo que *desean* fluya fácilmente a su experiencia, después intentan compensar esta falta de sintonización con la acción. Si primero os preocuparais de estar sintonizados —reconociendo el valor de vuestras emociones e intentando centraros en las cosas que os gustan—, os beneficiarías mucho de esa sintonización y llegarían cosas maravillosas a vuestras vidas sin tener que esforzaros tanto.

La mayor parte de las acciones que se realizan hoy se hacen oponiendo una gran resistencia vibratoria, por esta razón muchas personas han llegado a creer que la vida es esfuerzo. También es la razón por la que muchos, como tú, habéis llegado a creer que el éxito y la libertad son contrarios, cuando en realidad son sinónimos. *No es necesario sacar el dinero de la ecuación, pero sí que predomine tu búsqueda de la felicidad. Cuando lo hagas, la abundancia fluirá hacia ti de todas las formas posibles.*

Bienvenido al planeta Tierra

Abraham: Si habláramos contigo el primer día de tu experiencia física, podríamos serte muy útil porque te diríamos: «Bienvenido al planeta Tierra. No hay nada que no puedas ser, hacer o tener. Y tu trabajo —tu carrera— es buscar la felicidad.

»Vives en un Universo de libertad absoluta. Eres tan libre que cada uno de tus pensamientos atrae cosas hacia ti.

»Cuando tengas pensamientos agradables, estarás en armonía con *quien-eres-realmente*. Y así, utilizarás tu profunda libertad. *Busca primero la felicidad, y todo el crecimiento que puedas llegar a imaginar te llegará con abundancia y felicidad*».

Pero este no es el primer día de tu experiencia de la vida. En la mayoría de los casos estaréis leyendo esto después de creer durante mucho tiempo que no sois libres, que no sois dignos, y que tenéis que demostrar a través de la acción que merecéis recibir. Muchos de vosotros tenéis carreras o trabajos que no os gustan, pero creéis que no podéis dejarlos porque las repercusiones económicas os causarían más trastornos que los que estáis experimentando. Muchas personas que no tienen un trabajo que les proporcione ingresos sienten la desazón de no tener los medios para subsistir, ni esperanza de futuro. Pero sea cual sea vuestro caso, si tomáis la decisión de contemplar los aspectos positivos de vuestra situación actual, abandonaréis la resistencia, que es lo único que os mantiene alejados de vuestro deseo.

No tenéis que volver atrás y deshacerlo todo o culpabilizaros por lo que todavía no habéis conseguido. Si pudieras ver este momento como el comienzo de tu experiencia de la vida —haciendo todo lo posible para impedir los pensamientos desagradables y de resistencia o resentimiento que a menudo envuelven el tema del dinero—, tu situación económica cambiaría ahora mismo. Basta con decir: *Aquí estoy, en el primer día de mi experiencia de vida física. Y mi principal intención a partir de este momento es buscar razones para sentirme bien. Quiero sentirme bien. No hay nada más importante que sentirme bien.*

* * *

Lo más importante es sentirse bien

Abraham: Muchas veces en tu entorno laboral hay cosas que no favorecen tu buen estado de ánimo, y crees que la única oportunidad de sentirte bien es alejándote de tus influencias negativas. Pero la idea de dejar el trabajo tampoco te resulta cómoda porque eso podría provocar que estuvieras un tiempo sin tener ingresos cuando ya te encuentras en una situación difícil, por lo que sigues siendo desgraciado y sintiéndote atrapado.

Si pudieras distanciarte un poco y no ver tu profesión como algo que estás haciendo a cambio de dinero, sino como la inversión de tu experiencia de vida a cambio de una experiencia gozosa, te darías cuenta de que muchos de tus pensamientos y palabras no están en sintonía con esa búsqueda de la felicidad. Si dices: «No hay nada más importante que sentirme bien», verás que acabas teniendo pensamientos, palabras y conductas diferentes.

El sencillo ejercicio de buscar deliberadamente los aspectos positivos de tu trabajo actual y de tus compañeros, te reconfortará de inmediato. Esa sensación de alivio te indicará que ha habido un cambio en tu vibración, lo que significa que ha cambiado tu punto de atracción. Cuando te ocurra eso, la *Ley de la Atracción* hará que encuentres otro tipo de personas, y que incluso tengas otras experiencias con la misma gente. Es como crear de dentro hacia fuera, en lugar de la versión de fuera hacia dentro que nunca funciona. *Desde tu premisa simple pero poderosa de decidir que quieres sentirte bien, las cosas empezarán a cambiar de forma espectacular.*

¿Qué está obstaculizando mi carrera?

Jerry: ¿Qué le diríais a las personas que están intentando conseguir su primer trabajo o que quieren hacer un cambio de profesión y están valorando cosas como su potencial de ingresos o de crecimiento, demanda de productos y servicios, y cosas por el estilo, para tomar su decisión?

Abraham: Tu vida te ha llevado a determinar los detalles de la experiencia que estás buscando y la situación perfecta ya está servida. Ahora no tienes que salir a la calle para encontrar las circunstancias adecuadas que satisfagan el millar de intenciones que has desarrollado debido a tus experiencias, es decir, nunca sabes con mayor claridad lo que *deseas* que cuando estás viviendo lo que *no deseas.*

Por lo tanto, no tener suficiente dinero te hace *pedir* que llegue el dinero. Un superior que no te valora te hace pedir que aparezca alguien que aprecie tu talento y voluntad. Un trabajo que no te exige demasiado te hace *desear* algo que te inspire más claridad y expansión. Un trabajo que te exige hacer largos desplazamientos te inspira a desear encontrar otro trabajo que esté más cerca de donde vives... etcétera. *Nos gustaría expresar a todas las personas que estén buscando un cambio en su entorno laboral: que éste ya los está esperando en una especie de Depósito Vibratorio. Su trabajo consiste en sintonizar con aquello que sus experiencias pasadas y presentes les han ayudado a identificar.*

Puede resultar extraño, pero la vía más rápida hacia un entorno laboral mejor es buscar cosas en tu situación actual con las que te sientas a gusto. La mayoría hacen justo lo contrario, se dedican a resaltar todo lo que está mal en su presente para justificar su deseo de tener algo mejor. Pero como la *Ley de la Atracción* siempre te da más de lo que piensas, si piensas en cosas que no deseas, llegarán más cosas indeseadas a tu vida. *Cuando abandonas un entorno por la presencia de factores indeseados, encontrarás la esencia de esos mismos factores en el siguiente entorno.*

Piensa y habla de lo que *quieres.*

Haz listas de cosas del lugar donde te encuentras que sean agradables.

Piensa con entusiasmo sobre las cosas mejores que van a venir.

No le des tanta importancia a lo que no te gusta.

Enfatiza lo que te gusta.

Observa la respuesta del Universo a tu vibración mejorada.

Voy a buscar razones para sentirme bien

Jerry: En otras palabras, y a menos que las personas se centren en lo que desean y aparten su atención de lo que no desean en su situación actual o anterior, ¿continuarán —de alguna manera— recreando una situación negativa?

Abraham: Totalmente correcto. *No importa lo justificada que sea tu emoción negativa, porque influirá igualmente en tu futuro.*

La mayoría habéis pensado lo suficiente en lo que deseabais como para manteneros felizmente ocupados durante 10 o 20 vidas, pero vuestras manifestaciones no pueden llegar a vosotros porque tenéis la puerta cerrada. Y la razón de que esté cerrada es que no dejáis de prestar atención a *lo-que-es,* o estáis demasiado ocupados defendiendo vuestra actitud... *Busca las razones para sentirte bien. Y tu felicidad abrirá la puerta. Y al abrir la puerta, podrás recibir todas las cosas que has dicho que querías. Y estamos seguros de que, bajo esas condiciones, vivirás siempre feliz, lo cual, a fin de cuentas, es lo que realmente pretendías cuando viniste a ejercer tu carrera de la experiencia de la vida física.*

¿*Quiero* hacer algo, o *tengo que* hacerlo?

Jerry: Cuando era joven, mi familia y yo estuvimos viviendo en distintas granjas, todas de 16 hectáreas, en Oklahoma, Misuri y Arkansas; en esos tiempos hice muchas cosas diferentes para ganarme la vida. Todos eran trabajos duros y nada divertidos, desde recoger frutos del bosque hasta criar y vender pollos; desde plantar, recolectar y vender tomates hasta cortar leña. Gané bastante dinero (para aquellos tiempos), pero no disfrutaba en absoluto. Luego, cuando fui al instituto en Nueva Orleans, volví a hacer otra serie de trabajos que tampoco eran divertidos: trabajé de albañil, de instalador de planchas de metal laminado para techos y de ascensorista. Mi primer trabajo un poco divertido fue el de socorrista en la playa de Pontchartrain.

Creo que era como la mayoría de las personas y pensaba que diversión y dinero eran dos cosas distintas. Todo el tiempo que estuve trabajando en cosas que no me gustaban y que eran muy duras, hacía lo que me gustaba *después* del trabajo. Por la noche me reunía con otros jóvenes en el parque y tocaba la guitarra, cantaba en la iglesia y en el coro de la Ópera de Nueva Orleans. Dirigí un grupo de Lobatos de un grupo Scout, hice acrobacia y fui profesor voluntario de gimnasia y baile. Hice muchas cosas maravillosas, pero no ganaba dinero con ninguna de ellas.

No obstante, de adulto nunca más volví a trabajar demasiado tiempo en algo que no me gustara. Empecé a trabajar por cuenta propia, y seguí haciendo todo aquello que había estado haciendo gratuitamente por diversión, pero recibiendo dinero a cambio.

No había planificado dedicarme a la música, a cantar, al baile o a la acrobacia, pero cuando el sindicato de los instaladores de las planchas metálicas convocó una huelga y me quedé sin trabajo, en el club social un hombre me propuso unirme a El Gran Circo de Santos y Artigas de Cuba como acróbata en barra fija. Al final no fui en la dirección «segura» que mi padre esperaba de mí, ni en el sector de la construcción ni en el de las instalaciones. (Recibía un salario fijo, tenía formación para realizarlos y era bueno en mis trabajos a pesar de que no me gustaban.) Pero, gracias a la indeseada huelga de sindicatos, me dirigí fácilmente en la dirección de lo que se convertiría en una maravillosa vida de aventura y ganancias. Empecé como acróbata en un circo cubano y trabajé en el mundo del espectáculo, en diferentes campos, durante 20 años.

Abraham: Observa cómo los detalles que has proporcionado sobre tu vida demuestran claramente lo que hemos estado diciendo. ¿Ves cómo esos primeros años de trabajo duro haciendo cosas que no te gustaban te sirvieron no sólo para identificar lo que no querías, sino para aclarar lo que deseabas? Y aunque de adolescente siguieras realizando trabajos que no te gustaban, pasabas mucho tiempo —cada minuto de tu tiempo libre— haciendo las cosas que *realmente* te gustaban. Tenías los dos componentes de la ecuación para una creación feliz: el trabajo duro hizo que se despertara tu deseo de *pedir*; el tiempo que dedicaste a la música, a la gimnasia y a hacer lo que te gustaba te colocó en la situación crónica de *permitir*; y por último, a través del camino de la menor resistencia, el Universo te proporcionó un camino viable hacia la libertad, el crecimiento y la felicidad que deseabas.

Como en tus primeros años de trabajo duro te sentiste muy mal, fuiste una de esas raras personas que te permitiste buscar tu felicidad. Y eso te llevó a desear muchas cosas.

La mayoría de las personas sienten una gran diferencia entre las cosas que *quieren* hacer y las que creen que *han* de hacer. Y ganar dinero se encuentra en la categoría de lo que *creen que <u>han</u> de hacer*. Esa es la razón por la que el dinero suele costarles tanto en llegar, y cuando lo hace es de forma tan escasa.

Si eres lo bastante inteligente para seguir el rastro de tus pensamientos agradables, descubrirás que tu gozoso camino te conducirá hacia todo aquello que deseas. Buscando deliberadamente los aspectos positivos de tu camino sintonizarás vibratoriamente con <u>quien-eres-realmente</u> y con lo que realmente deseas, y cuando lo consigas, el Universo te enviará los medios necesarios para satisfacer tus deseos.

¿Y si lo que me gusta atrae dinero?

Jerry: Por ejemplo, Esther y yo ni siquiera nos habíamos planteado la idea de recibir dinero a raíz de trabajar para vosotros, Abraham. Disfrutábamos aprendiendo y nos entusiasmaba ver los resultados positivos que estábamos recibiendo cuando aplicábamos vuestras enseñanzas, pero nunca tuvimos la intención de que esto se convirtiera en un negocio. Fue una experiencia iluminadora de pura diversión (y sigue siéndolo), pero ahora se ha convertido en una empresa multinacional.

Abraham: ¿Nos estás diciendo que a medida que vuestra experiencia de la vida se ha ido expandiendo, vuestras ideas y deseos también lo han hecho? ¿Y que aunque al principio no pudierais ver o describir los detalles sobre *cómo* se desarrollarían las cosas... porque era divertido y porque os sentíais bien, esto se convirtió en un poderoso medio para satisfacer vuestros deseos y metas anteriores a que entrarais en contacto con nosotros?

Jerry: Sí. Mi primera intención al entrar en contacto con vosotros fue aprender una forma más eficaz de ayudar a otras personas a mejorar su situación económica. También quería aprender a vivir más en armonía con las *Leyes* naturales *del Universo*.

* * *

Quiero sentirme libre con mi trabajo

Jerry: La mayor parte de lo que se podrían denominar mis *carreras profesionales* a lo largo de los años, casi nunca empezaron como un medio para ganarme la vida. Principalmente, han sido cosas que me ha gustado hacer, y que han acabado convirtiéndose en una forma de ganar dinero.

Abraham: Bien, ese es el verdadero secreto del éxito del que llevas tantos años disfrutando. Puesto que decidiste desde muy joven que pasártelo bien era lo que más te importaba, conseguiste encontrar una gran variedad de formas interesantes de conservar tu intención, aunque en aquellos tiempos no supieras que *el secreto de todo éxito es ser feliz*.

A muchos os han enseñado que la búsqueda de la propia felicidad es egoísta e inadecuada y que vuestros verdaderos objetivos tienen que estar relacionados con el compromiso, la responsabilidad, el esfuerzo y el sacrificio… pero nosotros queremos que entendáis que podéis ser responsables, comprometidos, ayudar a los demás y ser felices. De hecho, a menos que encuentres una forma de conectar con tu verdadera felicidad, todas esas metas suelen ser palabras vacías y huecas que no se apoyan en ningún valor auténtico. *Sólo puedes ayudar desde tu estado de conexión y fuerza.*

Muchas veces la gente dice: «No quiero trabajar», en el sentido de «No quiero tener que ir a ningún sitio donde tenga que hacer cosas que no me gustan para ganar dinero». Y cuando le preguntamos el porqué, responde: «Porque quiero ser libre». Pero no es liberarte de la acción lo que estás buscando, porque la acción puede ser divertida. Ni liberarte del dinero, porque dinero y libertad son sinónimos. *Estás buscando liberarte de la negatividad, de la resistencia, del no permitirte ser quien-eres-realmente, y de no permitirte la abundancia que es tu derecho de nacimiento. Buscas liberarte de la escasez.*

¿Cuáles son sus aspectos positivos?

Abraham: Siempre que tienes una emoción negativa se debe a que tu Sistema de Guía Emocional te está indicando que en ese momento estás contemplando los aspectos negativos de algo, y con ello, te estás privando de lo que deseas.

Si tienes la intención de buscar los aspectos positivos de aquello que estás buscando, inmediatamente empiezas a tener las pruebas de que los patrones de resistencia van desapareciendo, puesto que al cambiar tu patrón vibratorio, dejas que el Universo te mande aquello que llevas tanto tiempo deseando.

La gente a menudo cambia de trabajo, de profesión, de jefe, y se encuentra que lo nuevo no es mejor que lo que tenía; y la razón es que van consigo a todas partes. Cuando vas a un sitio nuevo y te sigues quejando de lo que estaba mal en tu trabajo anterior para explicar por qué has hecho ese cambio, mantienes el mismo patrón vibratorio de resistencia, y sigues evitando que lleguen a tu vida las cosas que deseas.

La mejor forma de conseguir mejorar tu entorno laboral es considerar los aspectos positivos del actual hasta que tus patrones vibratorios se desborden de *aprecio*, y con la nueva vibración, podrás permitir que lleguen a tu experiencia nuevas y mejores circunstancias.

A algunas personas les preocupa que si siguen nuestro consejo de buscar las cosas buenas de su situación actual, eso las retendrá más tiempo en ella, pero es justamente lo contrario: *En tu estado de aprecio, terminas con las limitaciones autoimpuestas (y todas las limitaciones son autoimpuestas) y te liberas para recibir cosas maravillosas.*

Jerry: Abraham, ¿cuál es el papel del *aprecio* en la creación? ¿Y cómo se equipara el aprecio a lo que denominamos actitud de gratitud? En el libro de Napoleon Hill, *Piense y hágase rico*, aprendí que tenía que saber qué es lo que quería, y luego concentrarme en ello (o pensar en ello) hasta que se manifestara. Es decir, me fijé metas y fechas para conseguirlas. Pero cuando os conocí, me di cuenta de que la mayoría de las cosas que describiría como lo más maravilloso que me ha pasado en la vida no eran lo que yo había especificado que *quería* (aunque también me sucedieron muchas de ellas). Lo que realmente se manifestaba era la esencia de algo que yo había *valorado* mucho.

Por ejemplo, hacía muchos años que conocía a Esther antes de que nos uniéramos. Nunca la había *deseado* en todos esos años, aunque sí es cierto que *apreciaba* muchos aspectos de su forma de ser... hasta que un día ella (y todos sus maravillosos aspectos) entraron de lleno en mi vida. Y a la vista está lo que eso ha supuesto en los aspectos felices de mi existencia.

También había leído los libros de *Seth* muchas veces y nunca había deseado un «Seth» en mi vida. Pero aprecio sobremanera la enseñanza de esa «Entidad No-Física» llamada Seth, así como a Jane Roberts y a Robert Butts, que fueron sus canales. Y ya veis, aquí estáis, no sois «Seth», pero aportáis la esencia de todo lo que yo he apreciado tanto respecto a Jane, Rob y sus increíbles experiencias metafísicas con Seth.

Hace unos 40 años, fui a visitar a una familia que vivía cerca de San Francisco y que se ganaba la vida con un negocio de lápidas muy básico, casi primitivo, de venta por correo, que dirigía desde su propio domicilio. Jamás dije que *quisiera* ese negocio, pero en mi *aprecio*, conté a miles de personas la historia de esa experiencia. Un día (hace ya casi 20 años) estaba en la oficina de correos recogiendo pedidos para unas grabaciones de *Las enseñanzas de Abraham*, y me di cuenta de que estaba experimentando la esencia de ese negocio de venta por correo que tanto había apreciado, y ahora ¡cuántos millones de personas se han beneficiado a raíz de los aspectos comerciales de diseminar esta filosofía!

Podría enumerar muchos más, pero me ceñiré a un ejemplo más: cuando Esther y yo nos trasladamos a San Antonio, Texas, alquilamos temporalmente una casita donde podíamos disfrutar de tener un pequeño huerto, gallinas, una cabra para la leche y nuestro propio pozo de agua... Solíamos ir a pasear al otro lado de la carretera que teníamos delante de la casa y cruzábamos una pequeña pista de aterrizaje hasta llegar a un gran bosque de cedros y robles de Virginia. Incluso durante los meses de calor estival podíamos gozar de nuestros paseos siguiendo las huellas de los ciervos que atravesaban esas densas arboledas.

Un día descubrimos que unas de esas huellas conducían a una diminuta «pradera» oculta entre los robles. ¡Era preciosa! La mejor palabra para describir la hierba, las flores y la atmósfera en general, era «fascinante». A Esther y a mí nos encantó ese acogedor lugar en el bosque y volvimos allí muchas veces. Empezamos a imaginar cómo se había llegado a formar ese claro, aparentemente natural y antiguo, y quién debía haberlo descubierto y disfrutado antes que nosotros. Nos preguntábamos por qué había sido tan inexplicablemente agradable para nosotros, ¡y lo *valoramos* muchísimo! Nunca dijimos que *quisiéramos* ese terreno, sencillamente lo *apreciamos*.

Al cabo de unos cinco o seis años, nos llamó una persona que no conocíamos y nos dijo que se había enterado de que estábamos buscando un terreno para construir nuestra sede comercial... y las casi tres hectáreas que nos ofreció incluían ese pequeño y oculto prado. Ahora nuestra sede está situada justamente en ese hermoso y fascinante lugar. Esas tres hectáreas pasaron a formar parte de otras ocho, y para abreviar una larga y maravillosa historia, ese pequeño prado se ha convertido en 16 fabulosas hectáreas, bien comunicado con la autopista que pasa por delante... un hangar para aviones, una pista de aterrizaje para helicópteros y un establo (no tenemos ni avión ni caballos). *Y todo surgió de nuestro aprecio por ese pequeño claro en el bosque.*

Abraham, ¿podríais responder a mi opinión respecto al *aprecio*?

Abraham: Es la vibración del verdadero amor, el sentimiento de estar enamorado, eso que sientes cuando ves a alguien y notas el impulso de acercarte a esa persona. La emoción que tienes cuando contemplas la inocencia de un niño y sientes su belleza y poder. El *amor* y el *aprecio* son vibraciones idénticas.

El aprecio es la vibración de sintonizar con quien-eres-realmente. Es la ausencia de resistencia. Es la ausencia de dudas y temores. Es la ausencia de la autonegación y del odio a los demás. El aprecio es la ausencia de todo lo que te hace sentirte mal y la presencia de todo lo que te hace sentirte bien. Cuando tienes claro lo que deseas —cuando cuentas la historia de cómo quieres que sea tu vida—, te vas acercando al aprecio, y cuando lo logras, éste te llevará con mucha fuerza hacia todas las cosas que consideres buenas.

A la inversa, hablaremos de la diferencia entre la *gratitud* y el *aprecio*. Muchas personas utilizan estas palabras indistintamente, pero nosotros no consideramos que tengan la misma esencia vibratoria, porque cuando sientes gratitud, suele ser cuando piensas en una batalla que has superado. Es decir, estás contento de que haya terminado, pero todavía queda algo de esa vibración de «lucha». La diferencia entre la *inspiración*, que es la llamada hacia *quien-eres*, y la *motivación*, que es intentar que vayas hacia alguna parte, es similar.

El *aprecio* es el sentimiento de haber sintonizado, conectado, armonizado. El aprecio es la sintonización vibratoria con «aquel en quien me he convertido». El estado de aprecio es «yo sincronizado con la totalidad de lo que soy».

Un estado de aprecio es ver todo lo que miras con los ojos de la Fuente. Cuando estás en ese estado, puedes caminar por una calle atiborrada de gente con todo tipo de cosas donde otras personas encontrarían muchas razones para quejarse o preocuparse, y tú ni siquiera te percatas de ello porque tu vibración de aprecio está ayudándote a seleccionar las cosas que tienen una naturaleza vibratoria completamente distinta.

Un estado de *aprecio* es un estado de Beatitud. El estado de *aprecio* es ser *quién-eres-realmente*. El estado de aprecio es quién eras el día en que naciste, quién serás el día de tu muerte, y (si estuviéramos en vuestro lugar) debería ser vuestra meta en cada momento.

Joseph Campbell utilizaba la palabra *dicha,* y nosotros pensamos que es exactamente lo mismo: «Sigue tu dicha». Pero a veces tu situación actual no te permite ni tan siquiera intuir la dicha. Por lo tanto, te decimos que si estás desesperado, sigue tu venganza; eso va *a favor de la corriente*. Si estás en la venganza, sigue tu odio; eso va *a favor de la corriente*. Si odias, sigue tu ira; eso va *a favor de la corriente*. Si sientes ira, sigue tu frustración; eso va *a favor de la corriente*. Si estás frustrado, sigue tu esperanza; eso va *a favor de la corriente*. Si sientes esperanza, te estás acercando al aprecio.

Cuando consigas la vibración de la esperanza, empieza a hacer listas de las cosas que te gustan, llena libretas con ellas.

Enumera los aspectos positivos. Haz listas de las cosas que aprecias. Ve al restaurante y mira los platos que más te gusten, y no te quejes nunca de nada. Busca lo que más te guste... Aunque sólo haya una cosa, concéntrate totalmente en ella y utilízala como excusa para ser *quien-eres*.

Y cuando utilizas esas cosas que destacan y que te hacen sentirte bien como excusa para canalizar tu atención y ser *quien-eres*, sintonizas con *quien-eres*, y el mundo entero empieza a transformarse ante tus ojos. *No es cosa tuya transformar el mundo para los demás, pero sí lo es hacerlo para ti*. El estado de aprecio es la Conexión pura con la Fuente donde no existe percepción de escasez.

Mi tiempo en el trabajo es una cuestión de percepción

Abraham: Del mismo modo que muchas personas se obsesionan por la escasez de *dinero*, también hay muchas que lo hacen por la escasez de *tiempo*; con frecuencia estos dos temas de escasez están interconectados e influyen negativamente el uno sobre el otro. En general, la razón de que se produzca esta perjudicial unión es la sensación de que falta tiempo para hacer todo lo necesario para alcanzar el éxito.

La principal razón por la que la gente siente que le falta tiempo es porque intenta conseguir demasiados resultados de sus acciones. Si no eres consciente del poder de la sintonización y estás haciendo poco o ningún esfuerzo para conseguirla, y si estás abrumado, furioso, resentido o enfadado, y estás actuando para intentar conseguir cosas desde esas perspectivas emocionales, es muy probable que tengas la sensación de que te falta mucho tiempo.

Sencillamente no hay suficientes acciones en el mundo para compensar esta falta de armonización de la Energía, pero cuando te preocupa cómo te sientes y primero buscas tu equilibrio vibratorio, experimentas un Universo cooperador que parece abrirte las puertas a todas partes. El esfuerzo físico que necesita una persona que está sintonizada es una fracción de lo que requeriría alguien que no lo esté. Los *resultados* que experimenta alguien que está sintonizado son enormes en comparación con los que experimenta alguien que no lo esté.

Si sientes una escasez de tiempo o de dinero, lo mejor que puedes hacer es concentrarte en tener mejores pensamientos, elaborar largas listas de aspectos positivos, buscar razones para sentirte bien, y hacer más cosas que te gusten. Dedicar tiempo a sentirte mejor, buscar aspectos positivos, sintonizar con quien-eres-realmente te dará grandes resultados, y te ayudará a equilibrar tu tiempo con mayor eficacia.

Tu problema no es la falta de tiempo. Tu problema no es la falta de dinero. El origen de todos tus sentimientos de escasez es la falta de Conexión con la Energía que crea mundos. Esos vacíos o escasez sólo se pueden llenar con una cosa: la Conexión con la Fuente y la sintonización con *quien-eres-realmente*.

El tiempo es una cuestión de percepción, y aunque los minutos sean iguales para todos, tu grado de sintonización es lo que influye en tu percepción, así como los resultados. Cuando dedicas un tiempo a visualizar tu vida como deseas que sea, accedes a un poder con el que no puedes conectar cuando te concentras en los problemas de la vida.

Cuando observas las enormes diferencias que existen en el esfuerzo que realizan las personas y los resultados que consiguen, tienes que llegar a la conclusión de que hay algo más que la acción para conseguir cosas. La diferencia es que algunos reciben el beneficio de esa sintonización gracias a sus pensamientos, mientras que otros no lo permiten, también debido a sus pensamientos.

Imagínate que has de correr una milla, y que en esa milla hubiera 2.000 puertas. Imagínate teniendo que pararte delante de cada una para abrirla antes de poder continuar con tu carrera. Ahora imagina que corres esa milla, y que cuando te acercas a cada puerta, ésta se abriera sola para que pudieras seguir tu ritmo y no tuvieras que retrasar la marcha cada vez. *Cuando has sintonizado con la Energía que crea los mundos, ya no tienes que detenerte para abrir cada una de las puertas. Tu sintonización con la Energía permite que las cosas te estén esperando, y que la acción que ofreces sea la forma en que disfrutes del beneficio de la sintonización que has conseguido.*

¿He de intentar trabajar más?

Abraham: Eres un potente creador que has venido a este entorno de Primera Línea sabiendo que podías crear a través del poder de tu pensamiento dirigiendo deliberadamente tu atención hacia las cosas que deseas. No pretendías confiar en la acción para crear.

Puede que necesites tiempo para adaptarte a la idea de que creas con tus pensamientos, no con tus acciones; por eso no nos cansaremos de enfatizar el valor de pensar y hablar de las cosas como te gustaría que fueran en lugar de como son. *Cuando no sólo comprendes el poder de tu pensamiento, sino que diriges deliberadamente esta poderosa herramienta en la dirección de las cosas que deseas, descubres que el aspecto de la acción en tu vida es la forma en que disfrutas de lo que has creado a través de tu pensamiento.*

Cuando sintonizas vibratoriamente (lo que significa que tienes pensamientos agradables) y te sientes inspirado a actuar, has logrado lo mejor de los dos mundos. Cuando has sintonizado con la frecuencia vibratoria de la Fuente, actúas sin esfuerzo y con inspiración. Entonces los frutos siempre serán placenteros. Pero la acción, sin antes haber sintonizado vibratoriamente, es penosa, ineficaz y, con el tiempo, acaba desgastándote.

La mayoría están tan ocupados manejando lo inmediato que no tienen tiempo para atender lo que realmente importa. Muchas personas nos dicen que están tan preocupadas por ganar dinero que no tienen tiempo de disfrutarlo... Cuando confías en la acción para crear, con frecuencia estás demasiado cansado para disfrutar de tu creación.

Pregunta: Mi trabajo es una aventura y disfruto mucho con él. Pero cuando vinculo el dinero y los beneficios a lo que hago, me pongo tenso y se termina el disfrute. ¿No pueden ir juntos?

Abraham: Esto es algo muy común que escuchamos entre las personas creativas que pertenecen al mundo de la música o del arte; cuando intentan hacer que lo que les gusta se convierta en su principal fuente de ingresos, no sólo se esfuerzan por ganar más dinero, sino que su dicha anterior disminuye.

La mayor parte de las personas tienen actitudes bastante negativas respecto al dinero, porque hablan más de lo que no pueden comprar o de la escasez de dinero que de sus *beneficios*. También, la mayor parte de las personas piensan más en lo que les está sucediendo que en lo que preferirían que les sucediera y, sin pretenderlo, hay mucha gente que tiene ideas de escasez respecto al dinero.

Entonces, cuando unes la idea de algo que te gusta —tu aventura, tu música, tu arte— con algo que te ha producido un sentimiento de escasez durante mucho tiempo (dinero), tus pensamientos se decantan hacia el sentimiento más fuerte.

Cuando pasas más tiempo visualizando lo que deseas y menos observando *lo-que-es*, cuando practicas tu historia más positiva y agradable, tu *aventura* acaba siendo la vibración que domina en ti; entonces, si asocias tu aventura con tu medio para ganarte la vida, los dos encajan perfectamente y se refuerzan el uno al otro.

No hay mejor forma de ganarse la vida que haciendo lo que te gusta. El dinero puede fluir a tu experiencia a través de innumerables vías. No es la elección de tu trabajo lo que limita el flujo de dinero, sino tu actitud hacia éste.

Esta es la razón por la que siempre se están abriendo nuevos mercados especializados, y la gente se enriquece con ideas que hasta hace poco no eran viables. Eres el creador de tu propia realidad, de tus mercados empresariales y del flujo de tu dinero.

No se pueden catalogar ciertas actividades de duras y otras de fáciles, puesto que todas las cosas que están en armonía con lo que te gusta son fáciles y fluyen, mientras que las que no lo están cuestan más y ofrecen más resistencia.

Siempre que lo que haces te cuesta un esfuerzo, has de entender que tu pensamiento contradictorio está introduciendo resistencia. La resistencia viene de pensar en lo que no quieres, y es lo que te cansa.

Un ejemplo de mi «vieja» historia sobre mi carrera

> Siempre he trabajado mucho en todos mis empleos, pero muy pocas veces me han apreciado. Siempre he tenido la sensación de que mis jefes se han aprovechado de mí, sacando todo lo que han podido de mí y dando en cambio lo menos posible. Estoy cansado de trabajar tanto por tan poco. Voy a empezar a hacer menos, no tiene sentido dar tanto para que nadie lo reconozca. Hay muchas personas a mi alrededor que saben menos que yo y trabajan menos que yo, y ganan más. Eso no es justo.

Un ejemplo de mi «nueva» historia sobre mi carrera

> Sé que no siempre estaré haciendo el mismo trabajo. Me gusta saber que las cosas están en continua evolución, y es divertido pensar en lo que quiero conseguir.

Aunque hay muchas cosas que podrían ser mejores donde estoy, no es un problema, porque «donde estoy» siempre está cambiando hacia algo mejor. Estoy contento de saber que mientras contemplo lo mejor de lo que me rodea en mi situación actual, esas son las cosas que más fuerza tienen en mi experiencia.

Es divertido saber que todo actúa a mi favor; observo las pruebas... y cada vez veo más y más.

No hay una forma correcta o incorrecta de contar tu nueva historia. Puede ser sobre tus experiencias del pasado, del presente o del futuro. El único criterio que importa es que seas consciente de tu intención de contar una versión mejorada. Contar muchas historias cortas agradables a lo largo de día cambiará tu punto de atracción.

Es el momento de contar una historia nueva

Mi vieja historia es sobre...

... las cosas que han ido mal.
... las cosas que no son como me gustaría que fueran o como creo que deberían ser.
... la falta de aprecio de los demás.
... las personas que no han sido sinceras conmigo.
... la falta de dinero.
... la falta de tiempo.
... cómo suelen ser las cosas.
... cómo han sido las cosas toda mi vida.

… cómo han sido las cosas últimamente.

… las injusticias que veo en el mundo.

… que los demás no me entienden.

… que los demás no se esfuerzan.

… las habilidades de los demás pero que no hacen nada para desarrollarlas.

… que no mi gusta mi aspecto.

… mi preocupación por mi salud.

… las personas que se aprovechan de los demás.

… las personas que quieren controlarme.

Mi nueva historia es sobre…

… los aspectos positivos de mi situación actual.

… la forma en que quiero que sean las cosas.

… lo bien que van las cosas.

… cómo la *Ley de la Atracción* es la que realmente lo dirige todo.

… la abundancia que no deja de fluir.

… que el tiempo es infinito y que no es más que una cuestión de percepción personal.

… las cosas buenas que veo.

… mis recuerdos favoritos.

… la evidente expansión de mi vida.

… los sorprendentes, interesantes o maravillosos aspectos de mi mundo.

… la increíble variedad que me rodea.

… la voluntad y eficacia de tantas personas.

… el poder de mis propios pensamientos.

… los aspectos positivos de mi propio cuerpo.

… la base estable de mi cuerpo físico.
… cómo creamos todos nuestra propia realidad.
… mi libertad absoluta y lo maravilloso que es ser consciente de la misma.

Todos y cada uno de los componentes de tu experiencia los has atraído por la respuesta de la poderosa *Ley de la Atracción* a tus pensamientos y a la historia que cuentas sobre tu vida. Tu dinero y bienes económicos; el estado de bienestar de tu cuerpo, tu claridad, flexibilidad, tamaño y forma; tu ambiente laboral, cómo eres tratado, tu satisfacción en el trabajo y tus recompensas —de hecho, la felicidad de tu vida en general—; todo ello es el resultado de la historia que cuentas. Si permites que tu primera intención sea revisar y mejorar el contenido de la historia que cuentas todos los días de tu vida, te prometemos que tu vida será el reflejo de esa historia que siempre está mejorando. ¡Pues así ha de ser por la poderosa *Ley de la Atracción*!